幼児教育の原理
―― 実践の質を知る・考える・高める

請川滋大 編著

加藤直子　德田多佳子　松原乃理子

萌文書林

はじめに

　幼児教育について考える際、「幼児期の成長・発達をどう捉えるか」、そして、「幼児期の成長・発達に大人はどう関われるのか」という問いは避けて通れません。

　まず、「幼児期の成長・発達をどう捉えるか」という点ですが、ヒトがこの世に生まれたときには大変未熟な状態です。赤ちゃんは一人で歩くことも食べることもできません。養育者による授乳によって栄養を摂取し、徐々に免疫も獲得しながら心身を成長させていきます。そして歯が生え揃ってくると固形物も食べられるようになりますが、将来的には自分で食べものを確保し必要な栄養を摂っていかなくてはなりません。子どもを育てるということは、彼らが成長し自分自身の力で心身を守り維持できるようになるまでの間、周りにいる大人が支えていくという行為に他なりません。

　今の日本では、子どもが経済的に自立できるまで支えることが、教育や子育ての目的とされています。そして、人生の早い段階で教育を担うのが幼稚園や保育所です。ここで、専門職である保育者として、「幼児期の成長・発達に大人はどう関われるのか」という問題が浮かび上がってきます。保育者は保護者の期待を受けて子どもを受け入れ関わっていきますが、その保護者の期待が、例えば、高学歴にさせたい、高収入のために有名企業に入ってほしいといったものばかりだとしたら、皆さんはどう考えるでしょうか。なかには、子どもが自らやりたいこととは関係なく、保護者の希望だけで子どもの進む方向を決めている場合があるかもしれません。

　保育者は、保護者の希望を叶えるために教育を代行するだけなのでしょうか？　そうではなく、保育者は毎日子どもと関わるなかで、子ども自身に思いがあることを読み取っていきます。絵が好きな子も、走ることが好きな子もいるでしょう。そのような好きなこと、得意なことを支えて伸ばしていくのが保育者の役割の一つです。そして園で見られる子どもの姿を保護者に伝え、共に喜び合うことも保育者の重要な仕事です。子どもと保護者の姿を相互に見つつ、人生の早い時期に子どもたちの成長・発達に関わることができるのが保育者というすばらしい仕事です。この本を通して、幼児教育とはどういったものなのか学んでいきましょう。

請川滋大

も く じ

はじめに 003

序　章　幼児教育を学ぶ人のために 010

1 ▶ 就学前の「教育」とは 010

2 ▶ 社会全体で取り組む「こどもがまんなかの社会」 013

3 ▶ こども基本法の理念 014

第Ⅰ部　幼児教育の基礎

第1章　幼児教育をめぐる動向 018

1 ▶ 就学前教育の重要性 018

2 ▶ 日本の子どもをとりまく課題 021

3 ▶ 幼児教育で育みたい力 023

第2章　子どもをとりまく生活環境の変化とその課題 029

1 ▶ 子どもの体験の質の変化 029

2 ▶ 幼児期の学び——実体験（直接体験）の重要性 034

もくじ | 005

3 ▶ 現代の家庭像と就学前施設 037

第3章 幼児教育の思想・制度と その歴史的変遷 042

1 ▶ 中世ヨーロッパの子ども観 042

2 ▶ 子ども観・子育て観の変化 044

3 ▶ 現代の保育制度と課題 053

第4章 子どもの遊びと教育的意義 057
—— 遊びと学び、遊びの質

1 ▶ 幼児教育における遊びの意義 057

2 ▶ 遊びの質を高める援助のポイント 064

3 ▶ 子どもの遊びを支える保育者 068

第5章 諸外国の取り組みから 新時代の幼児教育を考える 071

1 ▶ レッジョ・エミリアの幼児教育 071

2 ▶ スウェーデンの幼児教育 074

3 ▶ ニュージーランドの幼児教育 077

4 ▶ 諸外国の幼児教育から学べることと 日本の幼児教育の特徴 079

第6章 環境を通して行う教育の理論と方法 085

1 ▶ 環境を通して行う教育とは 085

2 ▶ 環境を構成する 090

3 ▶ 子どもの生活と遊び 097

第7章 総合的な教育活動の計画と展開 101

1 ▶ 自然や身近な動植物を生かした幼児教育 101

2 ▶ 総合的な教育活動としての幼児教育 104

3 ▶ 総合的な教育活動をどう計画・実践するか 109

第II部 幼児教育の実際

第8章 幼児教育の質の向上 116
―― 組織的・計画的な取り組み

1 ▶ 幼児教育の質の構造 116

2 ▶ 保育の形態 I ―― 一斉保育と遊びを中心とした保育 117

3 ▶ 保育の形態 II ―― 年齢別保育と異年齢保育 118

4 ▶ 実施運営の質を考える I 121
―― 多様なニーズに応じた開園時間と実践の工夫

5 ▶ 実施運営の質を考えるⅡ 125
―― 勤務環境の改善から質の向上へ

第9章 幼児教育における子ども理解と記録・評価・計画 130

1 ▶ 幼児教育のカリキュラム 130

2 ▶ 子ども理解と記録 133

3 ▶ 幼児教育における評価 142

4 ▶ 計画の作成と生かし方 144

第10章 保護者・地域との連携・協働 148

1 ▶ 将来の社会・地域社会に開かれた教育課程 148

2 ▶ 保護者や地域の人々との関係 151

3 ▶ 高齢者や地域の人々と親しむ 154

第11章 幼児教育と子ども家庭福祉の関連性 161

1 ▶ 幼児教育と子ども家庭福祉との関係 161

2 ▶ 子育てを支える専門機関 164

3 ▶ 心理・福祉の専門家との連携 168

第12章 就学前施設と小学校との接続 175
―― 遊びから「主体的・対話的で深い学び」へ

1 ▶ 幼児教育と小学校以降の教育とのつながり　175

2 ▶ 幼稚園幼児指導要録、保育所児童保育要録、
幼保連携型認定こども園園児指導要録　177

3 ▶ アプローチカリキュラムとスタートカリキュラム　180

4 ▶ 接続期カリキュラムのポイント　184

第13章 現代の幼児教育の課題 189

1 ▶ 保育者の専門性とは　189

2 ▶ これからの保育者に求められる資質Ⅰ　190

3 ▶ これからの保育者に求められる資質Ⅱ　193

4 ▶ 説明責任とパートナーシップ　198

終　章 幼児教育について考えるということ 203

1 ▶ 幼児教育で大切にしたいこと　203

2 ▶ 幼児期の育ちに大人はどう関われるか　205

3 ▶ 幼児教育について考えるとは　206

索引　208

［凡例］

・事例に登場する子どもたちの名前はすべて仮名です。

・初学者の学びに合わせてエピソードを一部改変している場合があります。

・本書では、幼児教育の実践者として幼稚園教諭・保育士・保育教諭等を想定しており、
　基本的に「保育者」という文言に統一しています。

序　章
幼児教育を
学ぶ人のために

1 ▶ 就学前の「教育」とは

　皆さんは、幼稚園や保育所や幼保連携型認定こども園などの就学前施設で「幼児教育」が行われていると聞いて、どのようなイメージを思い浮かべるでしょうか。幼児教育についてこれから学ぶ皆さんも、例えば以下のようなイメージや疑問などをもっているかもしれません。

> ### 幼児教育が大事といわれているけれど、
> ### 教育が大事なのはあたりまえでは？

　幼児期の子どもが集団で過ごし何かを体験するという場や、そのような考え自体も、大昔からあったわけではありません。社会の変化とともに子どもに対する見方が変わり、さまざまな議論や検証が重ねられるなかで、幼児教育の環境が充実してきたのです。そのような歴史や社会的背景は、第1章、第2章、第3章などで学ぶことができます。

> ### 幼児教育では何をするのでしょう。
> ### 教えることは決まっていないのですか？

　詳しくは本書全体を通して見ていきますが、幼児教育では、「遊びを通しての指導を中心として」行います。遊びが子どもにとってどのような意味をもつのか、その遊びを通して何を育みたいのか、遊びを通しての指導とは具体的にどのようなことなのかについては、特に第4章で学びます。

　また、幼児教育は「環境を通して」行うのが基本です。なぜなら、幼児教育では子

序章　幼児教育を学ぶ人のために　│　011

どもたちの主体性・自発性を大切にしているため、子ども自らやってみたいと思うことに価値を置いているからです。幼児教育における「環境」の意味や環境を通して行う教育の実際については、第6章で説明しています。

海外の幼児教育が先進的だと聞きました。日本でも積極的に取り入れた方がよいのでしょうか？

　海外の幼児教育の思想や実践について学び、示唆を得ることは大切です。ただし、それぞれの国の幼児教育の背景となっている歴史や社会、文化などとあわせて理解していく必要があります。第5章では、子どもの学び（発達）を可視化する記録方法や、多様性を前提とした実践などに注目して、イタリアやスウェーデン、ニュージーランドの幼児教育を紹介しています。これからの時代にどういった方法がよいのかについては、一概に答えを出すことはできませんが、この章で示した取り組みを通して今後の幼児教育に思いを馳せてみてください。

幼児教育も、小学校と同じように教育の時間と休み時間に分かれていますか？

　幼児教育は、園生活すべてを教育の機会と捉えて展開されます。一日の流れや活動の計画はありますが、厳密な「時間割」ではありません。保育者は、子どもにとっての経験の意味を考えながら計画を立てていく必要があります。このような視点について第6章や第7章で学びます。

　また、子どもの経験を捉えていくために「領域」という概念があります。詳しくは第1章や第7章で学びますが、これを「教科」と混同しないよう注意が必要です。

幼児教育に関わりたいけれど、とにかく仕事量が多いと聞いて不安です…

　現代は価値観が多様化しているため、子どもの経験の幅も、各家庭や地域によって違いが大きくなっています。また、保育利用時間、つまり子どもが園で過ごす時間も多様化しています。このような状況に対応しながら幼児教育の質を向上させていくためには、保育者個人の努力だけでは対応できません。現場での組織的な取り組みや工夫の仕方については、主に第8章と第9章で学びます。

幼児教育では、リーダーシップが重要でしょうか?

幼児教育では、子どもをリードしていくことよりも、子どもの発達をよく見て、その子の興味や関心を引き出していくような関わりが求められます。さらに、家庭や地域社会との連携も期待されているため、保育者には、園と地域をつなげるコーディネート能力が求められているといえます。

第10章では、昨今重視されている「社会に開かれた教育課程」という考え方や、家庭や地域の力を生かした活動事例などについて学びます。園と地域が連携し継続して行われる活動のなかで、子どもたちがどのような経験をしているのか、園としてのねらいはどこにあるのか、地域にとってどのような効果があるのか考えてみましょう。

幼稚園が幼児教育で、保育所が福祉を担っているのですよね?

しばしば聞かれる誤解ですが、就学前施設の幼稚園、保育所、幼保連携型認定こども園の目的や実践は、多くの部分で共通しています。幼児教育の質を向上させようとする取り組みは、子ども家庭福祉の根本にある「子どもの最善の利益」の追求と不可分です。子どもの心身の発達を踏まえた実践は、その子の育つ背景まで含めて考えていく必要があるということや、実践を支えるさまざまな制度などについては第11章で見ていきます。

小学校との連携とは何でしょう。幼児教育で、小学校の学習を前倒ししないといけないのでしょうか?

遊びを通した教育の実践と、小学校以降の教科教育の実践では、その展開の方法に大きな違いがあります。5歳児(年長児)から小学校1年生までの時期を、現在は「架け橋期」と呼び、その時期の教育について国レベルでの検討がなされています。遊びを中心とした学びの場から教科教育を中心とした学びの場へとシフトしていくため、就学前施設と小学校が連携していく必要がありますが、これは、幼児期に小学校教育を始めておくということではありません。第12章では、連携にあたっての基本的な姿勢や観点、方法やカリキュラム、今後も検討すべき課題などについて学びます。

第13章と終章では、保育者や就学前施設が今後さらに考えていくべき課題などについて取り上げました。例えば、近年の相次ぐ大規模災害を背景に、安全教育や安全

序章　幼児教育を学ぶ人のために　│　013

管理がより重視されるようになっています。幼児期の経験による学びを保障しつつ、安全に日々を過ごすための計画をいかに立てるかが、今後の保育者に求められています。

2 ▶ 社会全体で取り組む「こどもがまんなかの社会」

近年、子どもに関する施策で話題になったことといえば、**こども基本法**の制定（2022年6月成立・2023年4月施行）と、**こども家庭庁**の設置（2023年4月発足）でしょう。こども基本法は、「こどもがまんなかの社会」を実現すべくつくられた法律です。

こども基本法の目的は、「全てのこども」が健やかに成長できるような社会を目指し、国や地方自治体そして社会全体が一丸となって子どもにまつわる施策を定めその施策を推進していくことです（第1条）。これらがきちんと実現できているかどうかについて検証をしながら、さまざまな施策を進めていくことを謳っています。

では、「全てのこども」とは誰のことを指しているのでしょうか。「全て」ですから、体や心に不安を抱えている子どもや、経済的に恵まれない子ども、守ってくれるはずの保護者がいない子どもも含まれるでしょう。そのような子どもたちも皆、健やかに成長できるようにと定められた法律です。この考え方は、日本という国の最も基本となることが記されている**日本国憲法**の理念にも合致するものです。

日本国憲法の第26条では以下のように記されています。

第26条　すべて国民は、法律の定めるところにより、その能力に応じて、ひとしく教育を受ける権利を有する。

2　すべて国民は、法律の定めるところにより、その保護する子女に普通教育を受けさせる義務を負ふ。義務教育は、これを無償とする。

このように日本という国の土台となる法律である日本国憲法において、すべての国民には**「教育を受ける権利」**があること、保護者には**「教育を受けさせる義務」**があることを定めています。先ほど紹介したこども基本法、そして、教育に関する最も基本的な事項を制定した**教育基本法**、子どもたちが健やかに成長できるよう定められた**児童福祉法**なども、この憲法の理念に基づいて作成された法律です。こういった法律のもとに幼児教育が行われていることを知っておいてください。

3 ▶ こども基本法の理念

こども基本法の第3条には、6つの「基本理念」が記されています。

 1 全てのこどもについて、個人として尊重され、その基本的人権が保障されるとともに、差別的取扱いを受けることがないようにすること。
 2 全てのこどもについて、適切に養育されること、その生活を保障されること、愛され保護されること、その健やかな成長及び発達並びにその自立が図られることその他の福祉に係る権利が等しく保障されるとともに、教育基本法（平成18年法律第120号）の精神にのっとり教育を受ける機会が等しく与えられること。

1つめは憲法でも定められている**基本的人権**の尊重です。基本的人権とは、すべての人がもっている誰にも侵すことのできないものであるとされ、憲法の第11条にも以下のように「侵すことのできない永久の権利」として記されています。

 第11条 国民は、すべての基本的人権の享有を妨げられない。この憲法が国民に保障する基本的人権は、侵すことのできない永久の権利として、現在及び将来の国民に与へられる。

この基本的人権は、年齢に関係なくすべての人がもっている権利であるということが重要です。「子どもだから」という理由で基本的人権が阻害されたり、奪われたりすることがあってはならないのです。

こども基本法の基本理念として2つめに記されているのは、子どもたちが適切に**養育や保護**をされること、そして**福祉や教育**がきちんと受けられることです。先ほど見た憲法の第26条に基づき、教育基本法では以下のように定められています。

 第4条 すべて国民は、ひとしく、その能力に応じた教育を受ける機会を与えられなければならず、人種、信条、性別、社会的身分、経済的地位又は門地によって、教育上差別されない。
 2 国及び地方公共団体は、障害のある者が、その障害の状態に応じ、十分な教育を受けられるよう、教育上必要な支援を講じなければならない。

序章　幼児教育を学ぶ人のために　｜　015

　3　国及び地方公共団体は、能力があるにもかかわらず、経済的理由によって修
　　学が困難な者に対して、奨学の措置を講じなければならない。

　子どもたちが障害や経済的な理由で教育が受けられないことのないように、国や地方公共団体は措置を講じなければなりません。昔は、障害のある子どもや貧しい家庭の子どもは学校に行けないことが当然とされて、自宅に放置されていたり、家計を支えるために働きにでるよう親から強いられたりしていました。そのような事態があってはならないということです。

　こども基本法の基本理念の3と4では、子どもの意見を尊重することが述べられています。

　3　全てのこどもについて、その年齢及び発達の程度に応じて、自己に直接関係
　　する全ての事項に関して意見を表明する機会及び多様な社会的活動に参画する
　　機会が確保されること。
　4　全てのこどもについて、その年齢及び発達の程度に応じて、その意見が尊重
　　され、その最善の利益が優先して考慮されること。

　かつては学校や幼児教育の場で、大人の言うことに子どもをただ従わせるような状況が見られました。これからの時代は、**子どもの最善の利益、子どもの意見**をしっかりと踏まえたうえで活動を行っていくことがここに明記されています。幼い子どもであっても、自分の意見というものがあります。それを表明し、相手に伝わり認められるという経験が、成長や発達にとってはとても重要なのです。

　基本理念の5と6は家庭に関する内容です。子どもの養育の基本は家庭であり保護者が一番にその責任を有すること、それと同時に、家庭や子育てに希望がもてるような社会をつくることが述べられています。

　5　こどもの養育については、家庭を基本として行われ、父母その他の保護者が
　　第一義的責任を有するとの認識の下、これらの者に対してこどもの養育に関し
　　十分な支援を行うとともに、家庭での養育が困難なこどもにはできる限り家庭
　　と同様の養育環境を確保することにより、こどもが心身ともに健やかに育成さ
　　れるようにすること。
　6　家庭や子育てに夢を持ち、子育てに伴う喜びを実感できる社会環境を整備す

ること。

　平成に入る頃から少子化対策の重要性が叫ばれ、それに伴い幼児教育の環境整備も進められてきました。今後子どもたちを受け入れていく就学前施設では、**質的な整備**がより大切になります。

　国民が夢や希望をもてるような子育て環境とはどういったもので、とりわけ幼児教育においては何が重要なのでしょうか。社会の求めるサービスを提供するだけではなく、子どもたちの健やかな成長・発達にとってどういった教育環境が必要か考えなくてはなりません。これまでの幼児教育の歴史や法制度についての基本を把握したうえで、これからの幼児教育にとって何が必要かを、本書を通して学んでいってください。

第Ⅰ部 幼児教育の基礎

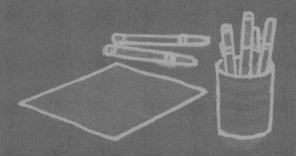

第1章

幼児教育をめぐる動向

1 ▶ 就学前教育の重要性

　幼稚園や保育所、認定こども園等は就学前施設と呼ばれます。日本の義務教育は小学校から始まりますが、昨今、就学前施設における教育（**就学前教育**）が人生にもたらすプラスの効果や重要性が世界的に注目されています。

1.1　就学前教育の効果

　2015年、ノーベル賞受賞歴をもつ経済学者の**ヘックマン**により、就学前教育の重要性が明らかにされました。[1] ヘックマンが注目したのは、1960〜1970年代にアメリカで行われた「ペリー就学前プロジェクト」と「アベセダリアンプロジェクト」という就学前の子どもを対象とした介入実験です（表1－1）。これらのプロジェクトでは、介入対象の子どもたちに一定期間、質の高い教育プログラムや親への支援を施し、介入終了後にその子どもたちがどのような人生を送るかを追跡して調べました。その結果、就学前教育を受けた子どもは、受けなかった子どもと比べると、大人になっても生活の質が高く経済的にも安定することが示されました。また、生活保護受給率や犯罪率にも差が生じたことから、就学前教育は貧困や犯罪等への抑止効果を期待でき、国や社会にとって経済的な投資効果も高いということがわかりました。

第1章　幼児教育をめぐる動向 | 019

表1-1　ペリー就学前プロジェクトとアベセダリアンプロジェクトの概要

調査名	ペリー就学前プロジェクト	アベセダリアンプロジェクト
時期	1962〜1967年	1972〜1977年
対象	アメリカ・ミシガン州 低所得でアフリカ系の58世帯の子ども（当時3〜4歳）	アメリカ・ノースカロライナ州 家庭的・経済的に恵まれない子ども（平均4.4歳）111人
介入内容	・毎日午前中に2時間半ずつプレスクールでの質の高い教育プログラムの実施。	・週5日、質の高い保育所に通い、革新的なプログラム（言語に重点を置いた学習ゲーム等）を実施。 ・子ども3名に対して教師1名が付き、子どもの進歩に応じて6対1へ調整。
親支援	・教師の家庭訪問（週1回・90分）による指導（非認知的特質に重点を置いた、子どもの自発性を大切にする活動中心。子どもが自分で考えた遊びを毎日復習するよう促す）。	・小学校入学後は3年間、教師が親と面談し、家庭学習の進め方を指導し、家庭学習プログラムを子どもに合わせて作成。 ・教師が親と学校との連絡役を務める。 ・その他、教師が親の職探しや子どもの送迎を手助けする。
介入期間	30週間（約2年間）	子どもが8歳になるまで（約5年間）
追跡調査	5歳、14歳、19歳、27歳、40歳、50歳	5歳、8歳、12歳、15歳、21歳、30歳、35歳
結果	・非介入群の子どもと比べ、当初はIQが高くなったが、介入終了から4年経つと効果が消えた。 ・40歳時点での追跡調査結果で、非介入群よりも高校卒業率、持ち家率、平均所得が高く、生活保護受給率及び逮捕率が低かった。	・5歳時点で、非介入群と比べIQが高い。 ・小中学生の時点で非介入群と比べ数学と読書の成績が高い。 ・21歳時点で、非介入群よりも10代で親になる割合が少なく、薬物中毒者が少なく、うつ病症状が低かった。 ・30歳時点で非介入群よりも学士号取得者が多かった。

出所：ジェームズ・J・ヘックマン／古草秀子訳『幼児教育の経済学』東洋経済新報社、2015及び「カロライナ・アベセダリアンプロジェクト」をもとに筆者作成

1.2　非認知的スキルとは

　ヘックマンが特に注目したことは、**非認知的スキル**（社会情動的スキル）の重要性です。ヘックマンは、就学前教育では認知的スキルだけではなく、非認知的スキルの

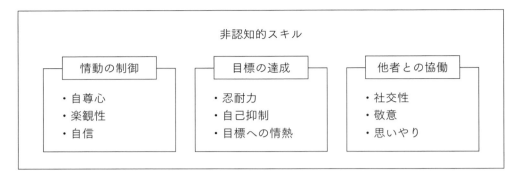

図1－1　非認知的スキルの視点
出所：OECD／池迫浩子・宮本晃司（ベネッセ教育総合研究所）訳「家庭、学校、地域社会における社会情動的スキルの育成」2015、p.13をもとに作成

向上が重要であると主張しました。認知的スキルとは、主に「読む」「書く」「計算する」「記憶する」といった力を指し、私たちが入学試験や定期テストで取り組んできたペーパーテストは、認知的スキルを測るテストといえます。一方で、非認知的スキルは「肉体的・精神的健康」「根気強さ」「注意深さ」「協調性」「意欲」「自信」などの力のことで、これまでの学力テストやIQテストでは測ることのできないスキルです。

ペリー就学前プロジェクトの追跡調査では、就学前教育を受けた子どものIQは、当初就学前教育を受けなかった子どもよりも高くなったものの、介入終了から4年経つと効果は消え、両者に差はなくなったそうです。しかし、その後の人生には差が出ることとなりました。つまり、将来的に豊かな人生を送るためには、幼少期に認知的スキルだけでなく、同時に非認知的スキルも育まれる生活を送っているかどうかがポイントになるということです。

保育者は、子どもと関わるときに一方のスキルだけに目を向けるのではなく、両方の視点から子どもが今伸ばしている力を見いだすことが大切です。「読む」「書く」などの認知的スキルに比べ、非認知的スキルを園生活のなかで育むことは難しく感じるかもしれませんが、「目標の達成」「情動の制御」「他者との協働」という視点（図1－1）を意識してみるとよいでしょう。

1.3　子どもの貧困

アメリカの2つの実験結果は、経済的・家庭的に恵まれない子どもが対象となりました。この実験結果は、ともするとそのような境遇の子どもだから効果的で、日本のような豊かな国には当てはまらないのではないかと思うかもしれません。しかし日本においても2013（平成25）年に「子どもの貧困対策の推進に関する法律」（現・こど

第 1 章　幼児教育をめぐる動向 ｜ 021

もの貧困の解消に向けた対策の推進に関する法律）が成立するなど、**子どもの貧困**は社会問題の一つとなっています。

　日本の子どもたちが貧困問題にさらされているとは信じがたいかもしれませんが、2021（令和 3）年の 17 歳以下の子どもの貧困率は 11.5% です。世帯別では、一人親世帯の 44.5% は貧困であるとされます[2]。つまり、日本の子どもの約 8 人に 1 人、一人親家庭に暮らす子どもの約 2 人に 1 人は貧困状態にあるのです。現代の「貧困」とは、住むところや着る物がないとする「貧困」ではなく、健康で文化的な生活を基準に、そこからの格差を問題とする考え方（**相対的貧困**[3]）をもとにしています。ですから、貧困であることが本人にも社会にも一見するとわかりにくく、貧困への支援も難しくなります。

　家庭の経済状況と子どもの健全な発育は密接につながっています。日本の 5 歳児家庭を対象に行った調査では、生活困窮度が高い家庭の子どもほど、朝食を必ずとる割合が低く、就寝時間は遅くなりやすく、家庭で絵本の読み聞かせをしてもらう割合は少ないことが示されています[4]。毎日朝夕の食事を十分にとり、清潔な衣服で登園し、家庭で大人と安心して過ごすというような、子どもにとって当然の生活が送られていないとしたら、その家庭が貧困状態にある可能性も潜んでいます。保育者は、子どもの衣服や持ち物を見たり家庭での様子を聞いたりする際に、十分に文化的な生活を送ることができているか気にかけるようにしましょう。また、保護者が家庭の悩みを打ち明けられるような信頼関係を日頃から築いておくことが大切です。

2 ▶ 日本の子どもをとりまく課題

2.1　少子化と待機児童問題の現状

　日本の**合計特殊出生率**[5]は、第 2 次世界大戦後から現在にかけて徐々に低下しており、2023（令和 5）年には 1.20 と戦後では過去最低の出生率を記録しました（第 2 章で後述）。少子化対策は日本に限らず世界的にも大きな課題となっています。

　少子化の要因は、核家族化や地域のつながりの希薄化が進む社会で、子育て中の親の孤立感や不安感が高まっていること、子育てと仕事の両立が難しい環境により、子どもが欲しいという気持ちが減っていることなどがあげられます。日本では、国や地域をあげて「支え合う子育て社会」の実現が目指されています[6]。

　少子化により子どもの数が減ると、保育所等に子どもを預けやすくなりそうですが、実際は、子どもの預け先が見つからない、もしくは希望する園に入れないといった**待**

022 | 第Ⅰ部　幼児教育の基礎

機児童問題が生じていました。出産後に仕事復帰を希望する母親が増える一方、保育所をはじめとする０〜２歳の子どもを預けられる施設数が足りないことが課題でした。これに対して、2015（平成27）年施行の**子ども・子育て支援新制度**を通して就学前施設の「量」的な拡充が進められることになりました。[7]　その結果、2017（平成29）年に26,081人だった待機児童数は2024（令和６）年に2,567人まで減少しました。

　2025（令和７）年には**こども誰でも通園制度**が制度化される見通しです。これは保育の必要性のある家庭に限らず、すべての子どもの育ちを支え、養育者の多様な働き方を支援するための取り組みとなります。また、保育所における職員配置基準の改善や、これまで就学前施設への入所が困難だった障害児や医療的ケア児が入所できるようになるための、保育の提供体制の強化も検討され始めています。「保育の量の拡大」が就学前施設の増加により充足されたことで、日本の保育政策は「質」の確保・向上に転換されようとしています。[8]

2.2　幼児教育・保育の無償化

　2019（令和元）年10月、少子化対策の取り組みとして「幼児教育・保育の無償化」（**幼保無償化**）が始まりました（表１−２）。子育ての経済的負担が減ることで、子育て世代の出産や育児に対する不安が解消され、出生率増加につながることが期待されています。しかし、幼保無償化開始後も待機児童問題が解消されたわけではなく、保育者不足という課題もあります。子育てしやすい社会の実現には、幼保無償化だけで

表１−２　幼児教育・保育の無償化の内容

		幼稚園	保育園	こども園
認可	３〜５歳	無料 （月額25,700円まで）	無料	無料
	０〜２歳	―	住民税非課税世帯は無料	
認可外	３〜５歳	月額37,000円を上限に補助		
	０〜２歳	月額42,000円を上限に補助		

※通園送迎費、食材料費、行事費などは引き続き保護者が負担する。
※幼稚園の預かり保育は、幼稚園の利用に加え、利用日数に応じて、月額11,300円まで補助。
※地域型保育、企業主導型保育事業（標準的な利用料）も同様に無償化の対象となる。
※認可外保育施設とは、一般的な認可外保育施設、地方自治体独自の認証保育施設（例：東京都認証保育所）、ベビーシッター、認可外の事業所内保育等を指す。
※上記に加え、３〜５歳の就学前障害児の発達支援
出所：内閣府「幼児教育・保育の無償化について」をもとに筆者作成

第1章　幼児教育をめぐる動向 | 023

なく、子どもをとりまくさまざまな課題へ取り組んでいくことが今後重要となってくるでしょう。

3 ▶ 幼児教育で育みたい力

3.1 育みたい資質・能力

幼稚園教育要領は、時代の流れや社会の変化に伴い、おおむね10年ごとに改訂を重ねてきました（第3章で後述）。2017（平成29）年に行われた最新の改訂では、生きる力の基礎を育むために、幼稚園教育において**育みたい資質・能力（3つの柱）**が明確に示されました（図1-2）。また、**保育所保育指針、幼保連携型認定こども園教育・保育要領**でも同様の内容が示され、就学前施設における幼児教育の整合性が図られています。

この「資質・能力」とは、幼稚園・保育所・幼保連携型認定こども園の教育（以下、

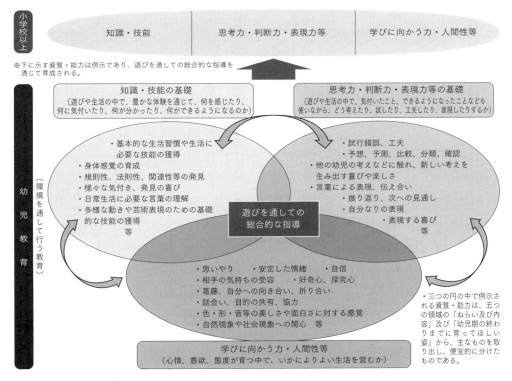

図1-2　育みたい資質・能力
出所：文部科学省「幼児教育部会における審議の取りまとめ」（中央教育審議初等中等教育分科会教育課程部会　幼児教育部会資料 平成28年8月26日）

幼児教育）を通して「子どもが身に付けようとする事柄の中核[9]」という意味です。3つの柱は、園だけで育むものではなく、初等中等教育（幼・小・中・高）を通じて育まれることが目指されます。幼児教育の3つの柱に見られる「基礎」という言葉も、幼児教育が学校教育の始まりであり、土台を担っていることを象徴しています。

3.2 幼児期の終わりまでに育ってほしい姿

要領等には、3つの柱が育まれている子どもの、卒園時の具体的な姿が**「幼児期の終わりまでに育ってほしい姿」（10の姿）**としてまとめられています（図1-3）。

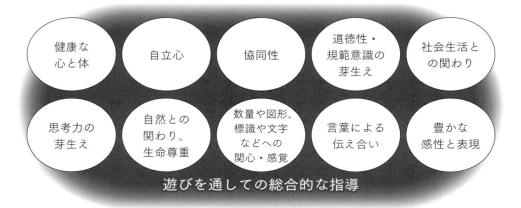

図1-3　幼児期の終わりまでに育ってほしい姿（10の姿）
出所：文部科学省「幼児教育部会における審議の取りまとめ」（中央教育審議会初等中等教育分科会教育課程部会幼児教育部会資料 平成28年8月26日）（一部改変）

幼児教育は、1989（平成元）年の要領改訂以来続く**「健康」「人間関係」「環境」「言葉」「表現」**という**領域（5領域）**（図1-4）を視点として、子どもの主体的で自発的な遊びを中心に、環境を通して総合的に行うことが目指されてきました（環境を通した教育については第6章で後述）。小学校以上の教育では、達成が期待される能力や技術が明確に決

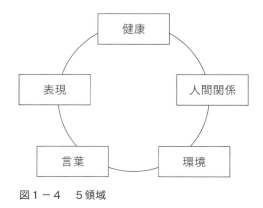

図1-4　5領域

まっています。例えば漢字の書き取りを通して漢字を覚えるというように、学習の方法と結果は一本の線でつながっています。そこが幼児教育と小学校以上の教育の大きな違いです。5領域もそれぞれに**「ねらい」**と**「内容」**をもちますが、国語や算数の

ように科目や時間割で分断されず、総合的に経験されることが基本です。保育者は、子ども自身の興味や関心をきっかけに始まる遊び（**自発的な遊び**）や、子ども自身が成し遂げたいことや、夢中になることが充足された遊び（**主体的な遊び**）を通して、一人一人が遊びのなかでどのような能力や経験を得ているのかを見つめ、個々や集団に沿った援助を行うのです。

　例えばクラスで泥団子作りをしたとしても、全員が泥団子作りから同じ学びを獲得するわけではなく、保育者もそのように子どもを指導してはいけません。ある子どもは泥団子に適した土を探すことにこだわり、ある子どもは泥団子が光るように磨くことに夢中になり、またある子どもは年下の子へ泥団子の作り方を教えてあげることに喜びを感じるでしょう。結果、泥団子作りを通した経験や学びは一人一人違っていますが、どの子どもも幼児期にふさわしい貴重な経験を積んでいます。

　よって、卒園時に園から小学校へ子どもの成長を伝える際には、「泥団子を作れるかどうか」ではなく、「泥団子作りを通して育った力」を伝えることが重要になります。ただし、小学校以上の教員には「泥団子作りを通して育った力」が皆同じではないということが伝わりにくい場合もあります。そのような園－小学校間に生じる、互いの教育内容を想像する難しさを橋渡ししてくれるツール（道具）が、10の姿です。10の姿は、5領域の内容が整理されたものであり、年長卒園時に5領域が総合的に達成された状態を10の項目に分けて具体的に示したものです。園は、遊びや生活を通したその子の経験を、10の姿に落とし込み小学校へ伝えることで、小学校も一人一人の成長を理解しやすくなり、入学後の学習指導へもつなげやすくなります。ただし、子どもの成長には個人差がありますから、10の姿を用いて成長に優劣をつけるようなことは避けるべきです。

026 | 第Ⅰ部 幼児教育の基礎

3.3 社会に開かれた教育課程

　幼稚園では、幼稚園教育要領をもとに、教育の内容を組織的かつ計画的に組み立て
て、園の特色を生かした**教育課程（カリキュラム）**を作成します。教育課程（カリキ
ュラム）とは、子どもの学習と発達を具体化するための教育内容と方法のことで、「何
を教えるのか？」「どうやって教えるのか？」という問いへの回答とも表されます。

　子どもの生活は園のなかで完結するものではなく、自分たちが地域社会に見守られ
ていること、同時に子ども自身が地域社会の一員であることを、園生活を通して実感
できることが大切です。そのような身近な人や社会とのつながりある園生活が、ゆく
ゆくは将来、自分の人生や社会をよりよく変えていこうとする原動力へとつながって
いきます。これからの教育課程は、園と地域社会が接点をもち、子どもが多様な人々
とのつながりを保ちながら展開されることが目指されます（第10章で後述）。

3.4 カリキュラム・マネジメント

　カリキュラム・マネジメントとは、以下の事項を総合した園の教育活動における一
連の取り組みを指します。

①各園が幼児の姿や地域の実情、10の姿などを踏まえて、園の教育目標の実現に向
　けて、**教育課程を編成**すること。

②教育課程の実施状況を**評価**してその**改善**を図っていくこと。

③教育課程の実施に必要な人的または物的な体制を確保するとともに、その改善を図
　っていくこと。

④上記3つの取り組みを通して、教育課程に基づき**組織的**かつ計画的に各園の教育活
　動の**質の向上**を図っていくこと。

　園の教育目標を実現していく過程では、園の教育を家庭や地域へ発信したり、共通
理解を深めたりしながら連携することが「社会に開かれた教育課程」へつながってい
きます。また、教育課程の評価・改善では、好循環な**PDCAサイクル**が機能するこ
とで、計画的な質の向上を期待できます（第9章で後述）。そしてカリキュラム・マネ
ジメントを組織的に実現していくためには、園長を中心として、全教職員が学年を越
えてともに取り組んでいくことが重要です。

3.5 主体的・対話的で深い学び[15)]

前述の３つの柱が育まれていくためには、画一的な教育を保育者主導で行ったり、子どもが好きな活動をイベント事のように行ったりすればよいということではありません。

その遊びや活動は、子どもに「**主体的・対話的で深い学び**」がもたらされているかどうか、つまり、子どもが興味や関心をもった出来事、対象と関わるなかで心が動かされ、さまざまな思いや考えが浮かび、周囲の子どもや保育者と感情を共有したり、一緒に取り組んだりしながら、そこで得た気づきや体験が子ども自身の心身に染み込んでいくような実践となっていることが望ましいといえます。

保育者は、環境構成や援助の方針について計画し（Plan）、実践し（Do）、実践後は子どもたちの遊びやクラスの活動を振り返り、子どもが何を経験していたのか（何に喜び、不思議に思い、集中し、葛藤を抱き、実現させたいと感じていたか、など）と子どもの学びや自身の援助を評価し（Check）、それをもとに翌日の援助の方針を考えたり、必要な教材を用意したりします（Action）。このCheckの段階で、「主体的な学び」「対話的な学び」「深い学び」という視点から実践を振り返り、明日の遊びや活動がより主体的・対話的で深い学びにつながるように改善していくことが大切です（表１−３）。

表１−３　主体的・対話的で深い学び

学び	学びの視点
主体的な学び	子どもが、周囲の環境に興味や関心をもって積極的に働きかけ、見通しをもって粘り強く取り組み、自らの遊びを振り返って、期待をもちながら、次につなげているか。
対話的な学び	他者との関わりを深めるなかで、自分の思いや考えを表現し、伝え合ったり、考えを出し合ったり、協力したりして自らの考えを広げ深めているか。
深い学び	直接的・具体的な体験のなかで、「見方・考え方」を働かせて対象と関わって心を動かし、子どもなりのやり方やペースで試行錯誤を繰り返し、生活を意味あるものとして捉えているか。

出所：無藤 隆・汐見稔幸・砂上史子『ここがポイント！３法令ガイドブック—新しい『幼稚園教育要領』『保育所保育指針』『幼保連携型認定こども園教育・保育要領』の理解のために』フレーベル館、2017、p.35をもとに筆者作成

注

1）ジェームズ・J・ヘックマン／古草秀子訳『幼児教育の経済学』東洋経済新報社、2015

2）厚生労働省「Ⅱ各種世帯の所得等の状況」「2022（令和4）年国民生活基礎調査の概況」

3）相対的貧困に対して、「飢え」や「ホームレス」などの生存が脅かされる状態を「絶対的貧困」と呼びます（山野則子編著『子どもの貧困調査―子どもの生活に関する実態調査から見えてきたもの』明石書店、2019）。

4）同上

5）15歳から49歳までの女性の年齢別出生率を合計したもので、1人の女性がその年齢別出生率で一生の間に生むとしたときの子どもの数に相当します。

6）内閣府「第1部 少子化対策の現状と課題」「平成27年版 少子化社会対策白書 概要版」

7）厚生労働省「令和3年版厚生労働白書」、pp.186-187

8）こども家庭庁「保育政策の新たな方向性―持続可能で質の高い保育を通じたこどもまんなか社会の実現へ（令和6年12月20日公表）」

9）無藤 隆・汐見稔幸・砂上史子『ここがポイント！3法令ガイドブック―新しい『幼稚園教育要領』『保育所保育指針』『幼保連携型認定こども園教育・保育要領』の理解のために』フレーベル館、2017、p.15

10）保育所保育指針では「全体的な計画」、幼保連携型認定こども園教育・保育要領では「教育及び保育の内容並びに子育て支援に関する全体的な計画」を作成するとされています。

11）OECD編著／秋田喜代美ほか訳『OECD保育の質向上白書―人生の始まりこそ力強く：ECECのツールボックス』明石書店、2019、p.92

12）①から④は、幼稚園教育要領第1章第3と以下の文献をもとに整理。
文部科学省中央教育審議会「幼稚園、小学校、中学校、高等学校及び特別支援学校の学習指導要領等の改善及び必要な方策等について（答申）」、2016、p.26

13）津金美智子「カリキュラム・マネジメントにつながる教育課程に基づく指導計画の作成―「幼児の思いをつなぐ指導計画の作成と保育の展開」より」『初等教育資料』1004、2021、pp.88-95

14）P（Plan：計画）／D（Do：実践）／C（Check：評価）／A（Action：改善）
文部科学省「幼児の思いをつなぐ指導計画の作成と保育の展開」、2021、p.2

15）文部科学省『幼稚園教育要領解説』フレーベル館、2018

第2章
子どもをとりまく生活環境の変化とその課題

1 ▶ 子どもの体験の質の変化

1.1 柔軟な対応が求められる保育者

　まず、今の子どもたちの生活環境が垣間見えるエピソードを紹介しましょう。以下の事例は、実際に保育者として働いている若い先生から聞いた内容です。

事例2−1 **お水が出ないよ**

3歳児クラス／4月

　入園後間もない4月、渡り廊下の水道でレンくんは黙って立っていました。担任のA先生は、なぜレンくんが立ったままなのかわからず、声をかけようと近づきました。横に立つと、レンくんは困ったようにこちらを見ます。「レンくん、お水出していいんだよ」。そう伝えましたが、蛇口を見つめているだけです。A先生にはレンくんの気持ちがわからず、戸惑いながらそのまま見ていると、レンくんは一言、「出ないよ」とつぶやいたのです。「えっ？　お水の出し方がわからないの？」と、とっさに言いそうになりましたが、その言葉を抑えて「こうやって出すんだよ」と自分の前の蛇口をひねりました。するとレンくんは、同じように蛇口をひねって水を出しました。そしてにっこり笑って「出た！」と言ったのです。「今度は、こうやってキュッキュッて反対に回してごらん」と言いながら水を止めてみせると、レンくんも同じように水を止め

ることができました。

　蛇口の開閉というただそれだけでも、先生と一緒に同じ動作を行うことで、レンくんはとても嬉しそうだったとＡ先生は振り返っています。レンくんとの距離も少し縮まったように感じたのでした。

　降園時、Ａ先生はレンくんの母親にこのことを伝えました。すると、自宅の洗面台は自動水栓で、外出時は同行の大人が水を出してあげており、「そういえば自分で蛇口をひねったことがなかったのかも」といった話がありました。次の日レンくんは水道に来ると、同じクラスの子どもに蛇口の開閉の仕方を教えていました。すでにできる子どももいましたが、このときのおしゃべりが仲良くなるきっかけになったようで、その後一緒に遊ぶ姿が見られるようになったのです。

　レンくんは幼稚園に入園するまで、蛇口をひねって水を出す習慣がありませんでした。幼稚園の水道も手を出せば自動で出てくると思ったのでしょう。担任のＡ先生は少々驚いたようですが、レンくんを否定することなく蛇口の開閉を教えました。レンくんは先生のまねをして水道の使い方を学び、自分が操作して水を出せるようになったことが嬉しくて、誰かに教えたいと思ったのでしょう。そうしたレンくんの気持ちが相手に伝わって仲良くなるきっかけになり、新たな人間関係が生まれました。担任を含め、大人の目から見たら「えっ、まさか？」と驚いてしまうようなことでも、本人は決して周囲を驚かせようとしているわけではなく、ふざけているのでもありません。何回か自分で蛇口を回すうちに、すぐに園の水道に慣れていきました。

　保育者にはそれまでの社会経験がありますから、園内の設備が自宅と異なっていても、さほど戸惑うことはありません。蛇口なら、自力で回して開閉することが当然だと思っています。現場経験が長ければ「〇歳児のこの時期は、おおよそこんな姿が見られる」と、発達に関する見通しももっていますから、子どもたちが見せるいろいろな行動や反応を、自分のそれまでの経験と照らし合わせて受けとめようとします。思

第2章　子どもをとりまく生活環境の変化とその課題 | 031

いもよらない姿に出会うと、保育者といえども驚いてしまうのです。今後、子どもの**生活経験**はさらに多様化するでしょうから、保育者には柔軟に対応できるだけの適応力がますます求められるでしょう。

1.2　園生活のなかで伝えられる生活の智恵

　ある幼稚園の園長先生からは、「最近の年少児は、階段が下りられないことが多い」という話がありました。上ることはできても下りられないので、保育者に抱っこをせがんで下ろしてもらうのです。自分で段差を下りなければならないときは、後ろ向きになって四つん這いで足を出しています。

　階段の上り下りは、保護者が意図して行わないと体験しにくくなっている動作かもしれません。今はどこでもエレベーターやエスカレーターを利用できるうえ、転倒を心配する保護者が自宅の階段を使わせないケースもあるようです。この園では、年少児に階段を下りる動作を一つ一つ教えています。階下に戻るとき、保育者が目を離さないように気をつけながら、子どもたちに手すりにつかまるように声をかけます。足を交互に出すように手本を見せて、一段また一段と、ゆっくり下りるよう援助するのです。こういった練習で少しずつ、階段が下りられるようになります。安全のために、階段であわてない、踊り場でふざけない、友達を押さないなどのルールも繰り返し伝えています。

　別の幼稚園では、トイレの使い方を丁寧に教えているという話を聞きました。便座のふたが自動開閉だと思い、用を足すのに保育者を呼ぶ子どももいますし、使用後の水洗操作を知らない子どもは流さないまま出てきてしまいます。さまざまな子どもたちがいますが、皆、一つ一つ必要な動作を覚えて、徐々に集団生活のなかで気持ちよく使えるようになるのです。

032 | 第Ⅰ部　幼児教育の基礎

　このテキストを読んでいる皆さんにとっても、オートロックや自動ドア、照明の自動点灯、エアコンの自動運転などは、いずれも珍しいことではないでしょう。私たちの生活は快適さを追求することでどんどん便利になっています。自動化・機械化に慣れてしまうと、従来は手動が当たり前だったことさえも、自分で操作するのが不便だと感じるようになるでしょう。社会がより快適さを追求し、大人たちがその恩恵を受けているわけですから、一緒に生活している子どもたちにも大人と同じようにその様式が習慣化されます。本来は自分が行って当然の動作を経験する機会が少ないまま、もっといえば、全く経験することなく育っていくとしたら、子どもの発達にさまざまな影響が出てくるでしょう。また、便利な環境が何らかの理由（災害など）で使えないとき、あるいは一切ない状態に置かれたら、たちまち生活の手段を失うことになってしまうのではないでしょうか。このような視点も実践には不可欠です。

1.3　バーチャル（仮想現実）の遊びを楽しむ子どもたち

　現代の子どもたちの多くは、ゲームやアトラクションなどを通じてバーチャル空間にふれています。ある女児のエピソードを紹介しましょう。

事例２−２　**お花は好きだけどカタツムリはイヤ**

4歳児クラス／6月

　リコちゃんは、お絵描きをするとよく自分の姿と一緒に花をたくさん描いています。そして、たびたび「リコ、大きくなったらお花屋さんになるんだぁ」と話してくれます。以前行ったデパートの「お花屋さんのお姉さん」に憧れているのです。

　そんなある日、保育所近くの公園にきれいな水色のツリガネソウが咲いたので、担任は子どもたちを散歩に誘って雨上がりの花壇を見に行きました。保育所の園庭はそれほど広くないため、この公園がいつもの遊び場になっており、子どもたちにとっては遊び慣れた場所です。お花が好きなリコちゃんは花壇に駆け寄りましたが、手前で動かなくなってしまいました。囲いのコンクリートにカタツムリがたくさんいたのです。リコちゃんはそれ以上花壇に近づきません。担任が「一緒にお花を見よう」と誘っても、ブランコの方へ行ってしまいました。しかし散歩のあとのお絵描きでは、たくさんの花を描いています。

　担任は「リコちゃん、おうちでお花を育てているって言ってたよね。何を植

えているの?」と聞きました。すると、「お母さんのスマホでお花を育てている」と話してくれました。ゲームのアプリで花を育てていたのです。花も葉も自分の思いどおりになるうえ、途中でリセットすることも多々あるそうです。実物の花にはふれたことがなく、唯一の接点はデパートの生花店でした。

　この保育所は、ビルや飲食店が立ち並ぶ地域にあります。リコちゃんは生まれたときからこの地域に育ち、動植物とふれ合う機会が少ない環境で過ごしていました。
　バーチャル（仮想現実）の草花には、虫も土の汚れもつきません。リコちゃんは公園で突然、それも初めてたくさんの生きているカタツムリに出会い、驚いて花壇に近づくことができなかったのでしょう。カタツムリの歌や絵からリコちゃんが思い描いていたイメージと、実際の姿が違っていたことも予想されます。
　保育者は、リコちゃんに実際に植物を育てる体験をしてほしいと考え、リコちゃんの母親に種を渡して自宅での栽培を提案しました。ベランダで花や野菜を栽培し、水をあげるようになったリコちゃんの描く絵には、いつの間にか、花と一緒にチョウチョやテントウムシが登場するようになりました。きっと栽培の過程でさまざまな虫に出会ったのでしょう。虫や小動物を見ても、以前のようには恐がらなくなったのです。

1.4 体験の多様性

　皆さんも日常的にスマートフォンを活用しているでしょう。その利点はいろいろあります。知りたい情報を瞬時に調べられるだけでなく、記録や保存も容易なので、膨大な量のデータ管理が可能です。SNSで自分から情報を発信することも、他者とつながることも日常的に行えます。音楽を聴いたり動画を観たり、オンラインで講義や研修などを受けることも可能です。子ども向けの機種も普及しており、小学生が自分

034 | 第Ⅰ部　幼児教育の基礎

の専用機を持っていることや、保護者のスマートフォンを使って頻繁に遊ぶことも当たり前になってきています。それは幼児にも当てはまります。

　生活のなかでさまざまなアプリを楽しむことは、現代の子どもたちにとって身近な遊びなのでしょう。仮想現実のゲームをすることがよくないと言っているのではありません。しかしこうしたゲームでのバーチャルリアリティと、実際の体験の性質は必ず異なります。直接ふれてみなければ本当の様子はわからないということを、保育者はさまざまな体験を通して子どもたちに教えていかなければならないでしょう。

2 ▶ 幼児期の学び──実体験（直接体験）の重要性

2.1　直接体験が幼児期の教育の基本

　『幼稚園教育要領解説』には、以下のような記述があります。

　　　家庭や地域とは異なり、幼稚園においては、教育的な配慮の下に幼児が友達と関わって活動を展開するのに必要な遊具や用具、素材、十分に活動するための時間や空間はもとより、幼児が生活の中で触れ合うことができる自然や動植物などの様々な環境が用意されている。このような環境の下で、直接的・具体的な体験を通して一人一人の幼児の発達を促していくことが重要である。[1]

　このように幼児期の教育には、**直接体験**に基づいた生活と、幼児期の発達特性を十分にふまえ、見通しをもったきめ細かな対応が重要であると述べられているのです。なお、保育所保育指針には明記されていませんが、『保育所保育指針解説』[2]と幼保連携型認定こども園教育・保育要領及び『幼保連携型認定こども園教育・保育要領解説』[3]にも、直接的な体験の重要性がそれぞれ示されています。

2.2　生活・遊びの体験の変化

　幼児期は特に、**実体験**（直接体験）が非常に大切です。子どもは無自覚であっても、生活全般からあらゆることを吸収し学んでいるのです。それは事例２−１、２−２からもわかるでしょう。自分の五感を通して実際に体験することで、その子なりのイメージがつくられコツをつかみます。何回も繰り返して体験していくうちに、上手になっていきます。

　しかしあらゆることが便利になると、人にとって何がどのように便利になったのか

がわかりにくくなり、本来は幼児期に体験するべきことが不足していても、周りの大人も気がつかなくなってしまうのです。例えば事例2－1から、水の供給について考えてみましょう。皆さんは井戸を見たことがありますか。井戸水を汲んだことはありますか。その井戸水を生活用水として今も使っている方、または使っていた方はいるでしょうか。水を使いたいときに自由に使えて、使ったあとは容易に排水できる便利さに慣れてしまえば、上下水道が整う前の暮らしは考えられないでしょう。

　生活様式の変化に伴って、子どもの生活も遊びも変化しています。園で行われる拭き掃除は、学期末によく取り入れられています。子どもたちが雑巾を絞り、汚れた場所をきれいに拭いて気持ちよさを味わいます。しかし家庭での手伝いとして子どもが普段から拭き掃除をしていた頃には、現在のような教育的意図で活動に取り入れることはなかったでしょう。

　私たちの生活が大きく変化した背景には、戦後日本の**高度経済成長**があります。1960年代、都市近郊の宅地開発が急速に進みました。鉄道が整備され、いたるところで新しい街がつくられたのです。ベッドタウンが形成されて、職場と住まいの分離が始まりました。多くの子どもにとって、親や身近な大人が働く場所や姿を間近に見る機会がなくなったのです。現在、職住近接を理想とする風潮やテレワークの導入で、その傾向は変わりつつありますが、それでも郊外から都市圏への通勤が一般的でしょう。田畑や里山の豊かな自然は市街化の対象となり、従来の土の道は舗装された道へと変わりました。それと同時に、今まで子どもたちが遊んでいた身近な自然が消え、そこに住む生き物に接する機会も減少したのです。

036 | 第Ⅰ部 幼児教育の基礎

　女性の社会進出・活躍が当たり前となった昨今、政府から「**働き方改革**」が促され、企業や組織が改善に向けた取り組みに着手しています。現代の働き方は多様化しており、それに伴って保育時間も個々の家庭に応じて認定されています。子どもが家庭で生活する時間が少なければ、当然家族団らんの時間も減少します。親子で過ごす時間を増やし、子どもにじっくりと向き合い話を聞いて子ども自身の体験を大切にしたいと思いながら、それがままならない家庭は多くあるのです。[4]

　すでに1996（平成8）年の時点で、**中央教育審議会**（当時の文部大臣、2001年以降は文部科学大臣の諮問に応じ、教育、学術、文化に関わる政策を審議して提言する機関）の答申に、「体験は、子供たちの成長の糧であり、［生きる力］をはぐくむ基盤となっているのである。しかしながら、（中略）今日、子供たちは、直接体験が不足しているのが現状であり、子供たちに**生活体験**や自然体験などの体験活動の機会を豊かにすることは極めて重要な課題となっていると言わなければならない」[5]とありました。政府の指針としても、21世紀目前から一貫して、子どもたちの現状を危惧した直接体験の重要性が示されていたのです。

　保育者には、こういった直接体験の意義や子どもたちの体験の変化を理解したうえで生活・遊びの援助を行うことが求められます。

2.3　生活実体験に向けた援助

　図2-1は、幼稚園と認定こども園に通う幼児を対象にした「子どもの生活体験に関する実態調査と意識についての調査」から抜粋したものです。2015（平成27）年単年度調査の結果のため、今の子どもたちの様子と異なるところもあると思われますが、「ひもを結ぶ」「はしを正しく持って使う」「ふきんを絞る」の技能が身についていないと感じる保育者や保護者の割合の高いことがわかります。

　新型コロナウイルス感染症の拡大は私たちの生活を変化させ、この期間に子どもたちの生活体験がますます偏っていることが懸念されます。図に示された項目のなかには、このときよりも現在の方が身についている傾向を示すものもあるでしょう。反面、さらに身につきにくくなっている項目もあるように思えます。

　図に示されたこれらは、幼児であっても日常生活のなかで頻繁に必要とする技能です。そして、自分で体験しなければ上達しない技能でもあります。保護者の生活が多忙で、家庭で子どもが体験する機会を十分に得られないという状況もあるでしょう。しかしどんなに上手な保護者や保育者、できるようになった友達を見ていても、それだけでは身につきませんから、園生活のなかでやってみる機会を意識的に取り入れ、

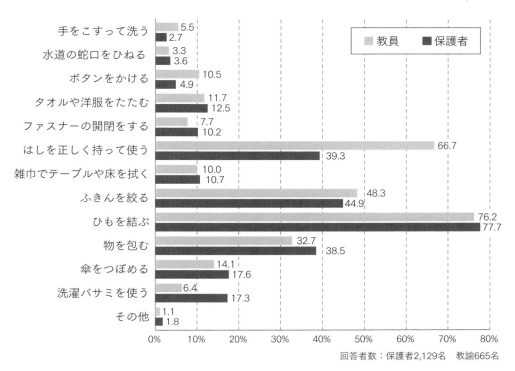

図2-1 子どもたちの生活技能（身についていないもの）
出所：全国国公立幼稚園・こども園長会「遊びを通して、子どもの生活体験を豊かにする調査研究Ⅰ」、2015

家庭でも経験できるよう勧めることが望まれます。

今は生活環境だけでなく、保護者の価値観も多様化しています。園での活動の計画も、子どもたちの生活体験の多様化を意識して組み立てる必要があるでしょう。

3 ▶ 現代の家庭像と就学前施設

3.1 進む少子化と核家族化

今日、**少子高齢化**が進んでいるといわれています。図2-2を見てください。出生数は、1973（昭和48）年から多少の増減はありながらも減少し続けています。政府は1994（平成6）年にエンゼルプランを策定してから現在まで、さまざまな子育て支援策を講じて少子化に歯止めをかけようとしてきましたが、2023（令和5）年の出生数は72万7,277人で、調査以来の過去最少です。さらに2024（令和6）年には、70万人を割り込むとされています。**合計特殊出生率**もゆるやかに減少を続け、2023年の数値は1.20、これも過去最低です。

また2024（令和6）年4月1日現在の子どもの数（15歳未満人口）は、前年に比べ

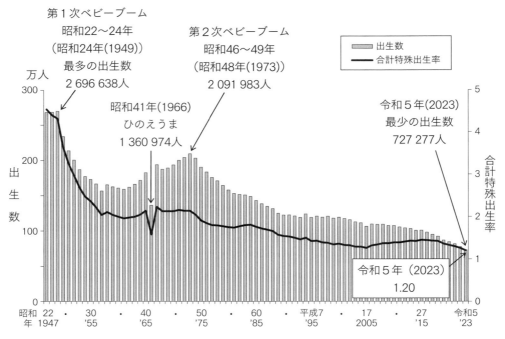

図2-2 出生数及び合計特殊出生率の年次推移
出所：厚生労働省「令和5年（2023）人口動態統計月報年計（概数）の概況」

33万人少ない1,401万人でした。1982（昭和57）年から43年連続で減少し、過去最少です。15歳未満の子どもの総人口に占める割合は11.3％でした。地域差がありますが、子どもは全体の10人に1人程度という実態になりますから、状況は深刻です。

次に図2-3を見てください。1986（昭和61）年には44.8％を占めていた**三世代世帯**の割合は、2023（令和5）年には7.0％にまで減少しています。この結果から、現在子育て中の親世代の多くが、すでに三世代での同居経験をもたないということがわかります。本来であれば親から子へ、子から孫へと、家庭や身近な社会のなかで伝えられてきた生活習慣、善悪の判断、地域の行事、文化が継承されにくくなっているのです。

3.2 変わる家族や地域の様子

家族像もまた、時代とともに変わります。例えばマンガ『サザエさん』に登場する磯野波平は、昭和の典型的な父親像として見ることができるでしょう。いたずらをした息子のカツオに対して、「ばかもん！」と叱っています。現代の父親像とはだいぶ異なるのではないでしょうか。

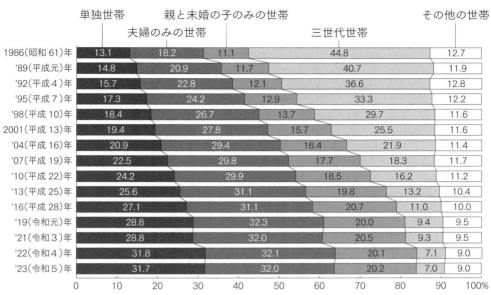

図2−3　65歳以上の者のいる世帯の世帯構造の年次推移
出所：厚生労働省「Ⅰ世帯数と世帯人員の状況」「2023（令和5）年国民生活基礎調査の概況」

　一方、磯野家の隣には伊佐坂家が住んでいます。小説家である夫とその妻は波平・フネ夫妻と親しく、カツオやワカメ、タラちゃんやイクラちゃんにいつも温かく接してくれます。また、磯野家の裏手には「裏のおじいちゃん、おばあちゃん」と呼ばれる老夫婦が住んでいます。この夫妻も子どもたちをやさしく見守り、タラちゃんと友達のリカちゃんが突然遊びに行っても、おだやかに自然体で接してくれる存在として描かれています。ここでは近隣住民がいつも地域の子どもたちを見守り、おしゃべりの聞き手となりながら生活しています。

　時代の変遷に伴い、地域のなかで子どもたちに積極的に関わり徳育を担う大人や、常に温かく子どもたちを受容してくれる大人の存在は、三世代世帯同様、減少の一途をたどっているのでしょう。

3.3　これからの幼児教育施設の多様な役割

　幼稚園、保育所、認定こども園などの就学前施設は、家庭や地域で伝えることが難しくなっている生活習慣や地域行事などを補い、伝えていく使命を担っています。例えば七夕などの行事とそれにまつわる物語や歌には、ただ楽しむだけでなく、季節を

感じたり文化としての意味を継承したりする役割があります。文化の伝承にしても、**食育**や**生活技能**の習得にしても、家庭・園・地域が協働して子どもたちに伝えるものになっているのです。

　このような時代の保育者には、子どもの生活環境の変化を踏まえた指導計画を立てることが求められます。乳幼児期の家庭や園での生活、地域などで身につけてきたことを肯定的に受けとめながら、より豊かな実体験を積み重ねていけるように心がけるのです。子どもたちに体験の不足を感じたときは、主に個人的な背景によるものなのか、それとも在園児の一般的な生活環境の変化なのかに注意を払います。その変化がいつ頃からなのか、また地域的な限定性があるのか、他の要因も視野に入れながら在園児全体への働きかけを目指していきましょう。具体的な働きかけにおいては、保育者間で方針を共有していることと、安全面の配慮が大前提です。そして個々の家庭での生活を肯定することが大切です。子どものこれまでの生活がさらに豊かになる視点で働きかけを行うことが、園には求められます。

- -

注

1 ）文部科学省『幼稚園教育要領解説』フレーベル館、2018、p.19

2 ）厚生労働省編『保育所保育指針解説』フレーベル館、2018、p.15

3 ）内閣府・文部科学省・厚生労働省『幼保連携型認定こども園教育・保育要領解説』フレーベル館、2018、pp.34-35

4 ）2017（平成29）年、内閣官房に設置された「働き方改革推進会議」により、長時間労働の是正をはじめとした「働き方改革実行計画」がまとめられました。2019（平成31）年よりその一部が施行されています。詳細は関連ウェブサイトに掲載されています。

5 ）旧文部省中央教育審議会「21世紀を展望した我が国の教育の在り方について（第1次答申）」、1996、第1部（3）（b）

6 ）総務省統計局「統計トピックスNo.141 我が国のこどもの数—「こどもの日」にちなんで（「人口推計」から）」、2024

Column

幼保連携型認定こども園野中こども園
（静岡県・富士宮市）

暖かな日、未満児園庭の水道には1・2歳児がかわるがわる訪れます。小さな手でハンドルをつかむと、腕ばかりか肩まで力を込め、ときには上体を傾けるように体重をかけて水栓を開きます。たいていは全開になるまでハンドルを回し続けるので、水流は相当に激しいものとなります。園庭の水栓には井水を接続しているので、大人たちも料金を気にすることなく、穏やかにそれを見守ります。

蛇口が上向きにされると水のほとばしりは美しい放物線を描きます。自分の力で水栓を開けられたこと、美しい弧を描く水流、水音や周囲の人があげる歓声、それらをそのままに楽しみ満喫する時期が過ぎると、次いで訪れるのは創意工夫と探求の日々です。遠く離れた場所に置いたバケツやタライに水を注ぎこむ遊びは、毎年度必ず出現します。ただ水をほとばしらせることを楽しんでいたときのような粗大な動作では目的を果たせないので、自然と微細な協応動作の機能訓練となります。上体と上腕を固定し、前腕を回旋させ、手のひらと指先で微妙な調整を繰り返して、ようやく水流は思い通りの場所に飛んでくれるのです。

また、ほとばしる水流に手を触れてみることもあります。思いもよらぬ勢いで手を弾かれたり、顔に水がかかって驚くこともありますが、それでひるむ子は滅多にいません。玩具や木片などさまざまなものを水流に当てては、水しぶきのあがり方、音、自分の手に返ってくる振動の変化を楽しむことを繰り返します。子どもが自由に使える水道は、こうした探求を納得行くまで続けることを保障してくれる存在です。

水遊びの周辺には水たまりが発生して、別の子の興味をひき起こすこともあります。素足で踏み込めば感触や温度を、長靴を履いているのならば音や振動を楽しむ機会となるでしょう。波紋や光の反射に気づく子もいるかもしれません。

子どもの生活空間に、いつでも自由に使える道具や素材が豊かに存在するということが、子どもが何かに興味をもち、それに没頭したり探究することを支えています。自由に使えるとは、移動させたり、形を変えたり、消費することも子どもの権利として保障されているということです。（社会福祉法人柿ノ木会 幼保連携型認定こども園野中こども園 中村章啓）

第 I 部　幼児教育の基礎

第3章
幼児教育の思想・制度と
その歴史的変遷

　現在の幼児教育の考え方を知るには、幼児教育の歴史をたどることが必要です。日本の園で多く見られる、子どもの集団を一人の保育者が担当するというスタイルはどのような経緯で生まれたのでしょうか。ヨーロッパの園では保育中にギターを用いることが多く、日本の園ではピアノが多いのはなぜなのでしょうか。この章では幼児教育の歴史を振り返りながら、現代に続く子ども観や幼児教育の思想について考えていきましょう。

1 ▶ 中世ヨーロッパの子ども観

　現代の日本では、子どもは大人に守られるべき存在だと考えられています。この考え方は私たちにとって当然のものであり、ずっと昔から変わらないのではないかとつい考えてしまいます。明治の初めに日本を訪れた欧米人が、日本は子どもたちをとても大切にしている国だということを報告しています[1]。あえてそのように書き残すということは、当時の欧米人にとって印象的な姿だったのでしょう。

　欧米ではかつて、子どもたちにとても厳しく接してきた時代がありました。子どもには子どもらしい生活を送らせようという考え方が広がったのは近代になってからで、それより前は子どもを「小さな大人」と考えていた時代が長く続いていたのです。18世紀末から19世紀にかけて、ヨーロッパでは1789年のフランス革命を代表とする市民革命が起こり、国民が自由や平等を求める時代へと移行していきます。しかしそのような時代でも、子どもや女性の人権というのは依然として認められていませんで

第3章 幼児教育の思想・制度とその歴史的変遷 | 043

した。中世の時代、子どもたちがどのような存在として認識されていたのか、美術史研究者のショルシュ（A. Schorsch）は以下のように述べています。

　一般に、中世においては、子どもは、もはや子どもではなくなるときまで、つまり、彼らが大人としての態度を示すようになるまで、無視されていました。したがって、16世紀を通じて、年齢は、年譜によってではなく、態度によってはかられることのほうが多かったのです。赤ん坊は——貧富を問わず——生後しばらくのあいだは、その母親から引き離され、乳母のところに送りだされていました。子どもたちは、7、8歳になると、再び生家から今度は巷に放りだされました。そこで彼らは少し年上の子どもにつき従って、あるいはそうでない場合は、まったく独力で、仕事やねぐらを見つけだし、また、もしも運がよければ、あるいはその気があればの話ですが、彼らを受け入れてくれる無料の学校を見つけだすのでした。暮らし向きのよい子どもたちでも、自分が選び、自分と同じ社会階級の家族のもとに送り込まれる傾向が大いにあったとはいえ、この例に漏れず、誕生時には「よそへだされ」、また、徒弟あるいは奉公のために、いたいけな年ごろで、もう一度生家をあとにすることになっていました。[2]

　今の日本では高校卒業後も高等教育を受けることができ、社会人になっても親元で生活していることが珍しくありません。ところが中世のヨーロッパの子どもたちは、7、8歳で親元を離れ、自分で仕事や学校を探していたのです。それほど早い時期から働かなければいけなかったということを思えば、子ども時代が大人たちに守られていたとは到底いえません。

　当時、子どもは「小さな大人」と捉えられており、子どもが大人と異なる特別なものとは認識されていませんでした。子ども時代は手のかかる厄介な時期であり、早く一人前の大人にしなければいけないと考えられていたのです。**アリエス**（P. Ariès）は『〈子供〉の誕生』で以下のように記しています。

　子供期に相当する期間は、「小さな大人」がひとりで自分の用を足すにはいたらない期間、最もか弱い状態で過す期間に切りつめられていた。だから身体的に大人と見做されるとすぐに、できる限り早い時期から子供は大人たちと一緒にされ、仕事や遊びを共にしたのである。[3]

044 | 第Ⅰ部　幼児教育の基礎

　子ども時代は、「今と変わらず昔からあったはず」「誰かが作り出したものではない
だろう」というのが一般的な感覚かもしれません。しかし、アリエスの記述を見ると
子どもという概念はまさに「誕生」したわけで、自明のものとして存在したのではな
いことがわかります。

　近代化が進み生活に余裕が出てくると、大人になる前の段階で子どもらしい生活を
送る時期が現れ、大人に生活を守られながら学校へ通うこともできるようになります。
その期間にいる人たちを、「大人」と区別して「子ども」という概念で表すようにな
ったわけです。

　現代でも、経済的に厳しい国や戦争の真っただ中にいる国では、子どもが労働を強
いられています。最もひどい場合は、働き手として売りに出されたり、兵士として戦
場へ送り出されることもあります。子どもが「子ども」という時期を安心して過ごす
ためには、大人たちが安全・安心に生活できる社会をしっかりと守らなければいけな
いのです。保育者を目指す皆さんは、まず自分の周りにいる子どもたちが安心して暮
らせる環境を保障できるように努めてください。

2 ▶ 子ども観・子育て観の変化

2.1 「白紙」としての子ども——ロック

　17世紀に活躍したイギリスの哲学者**ロック**（John Locke 1632-1704）は、生まれた
ての状態を**「タブラ・ラサ」**（tabula rasa）というラテン語で表し、「白紙のようなも
の」という比喩で例えています。だからこそ、子育てや教育が重要なのだということ
を彼は主張したかったわけですが、赤ん坊はタブラ・ラサ＝白紙であるという捉え方
ばかりが広まり、子どもの気質や個性を無視していると理解された側面もあります。
実際のところロックは、子どもの気質や他者と異なる傾向をよく認めていました。[4] 父
親が子どもを教育する際には、子どもが父親に敬意を持たなければならないとしたう
えで、次にすべきこととして「注意深く彼の気質と彼の心の著しい素質を考察するこ
と」[5]であると主張しています。また、続けて以下のように述べています。

　　したがって貴下の息子の気質を、早く、よく観察し始めなさい、しかも息子が
　もっとも制約を受けずに遊んでいて、貴下の目の届かぬところにいると思ってい
　るときになさい。彼の主たる感情と主な傾向がなにであるかを知りなさい。また
　彼が烈しいか、おだやかであるか、大胆か内気か、憐憫の情があるか残酷か、あ

第3章　幼児教育の思想・制度とその歴史的変遷 ｜ 045

けっ拡げか控え目か等を考察しなさい。というのは、これらのものが息子におい
て異なるにつれて、貴下の教育法も異なったものにならねばならず、貴下の権威
がそこで、異なった方法で彼に適用されるように手段を講じなくてはなりません。[6]

　ロックはこのように記したうえで、子どもの性向や素質とは「直るものではありま
せん」と言うのです。そのうえで、子どもを一人前の大人にするためには教育が大切
で、子どもにどういった時代を過ごさせるかが重要だと考えていたことがわかります。
このような考え方を**経験主義**といいます。
　ヨーロッパにはキリスト教を背景とした「原罪」という考え方があり、子どもは罪
を背負って生まれてくると考えられていました。そのため、親が子どもを厳しく育て
るというのは理想的な姿であり、体罰を与えるような子育てもなされてきたわけです。
そのため、ロックの「子供たちは自由を好むものであり、したがって、なにも制約が
加えられていることを感じないで、自分に適したことをするようにしてやらねばなり
ません」[7]という考えは新しい子育て観として受けとめられたのです。

2.2　子どもの発見と自然主義教育──ルソー

　ロックの子育て観に刺激を受けた一人に、フランスの思想家**ルソー**（Jean-Jacques
Rousseau 1712-1778）もいました。ルソーは、著書**『エミール』**の冒頭でロックにつ
いてふれ、さらに新しい子育て観を提示するとして本題に入っていきます。
　スイスで生まれフランスで活躍したルソーは、保育・幼児教育の分野でよく取り上
げられますが、一方では**『社会契約論』**（1762年）の著者としても知られています。
『社会契約論』は人が生きていくうえでの国家や社会のあり方を述べた本です。18世
紀前半はフランスがまだ王政を敷いていた時代で、現代とは異なり、民衆が自由な発
言や行動をすることはできませんでした。しかし、そもそも人間は生まれたときは自
然で自由な状態であるのだから、個人が自由な意思をもって生きられるにはどうした
らよいかということをルソーは考えました。ただ、皆が自由に主張し行動するとそこ
に争いが起こり、最終的には力の強い者が残るということになりかねません。そこで
皆がより自由に生きるためには、人々が互いに契約を結ぶことが必要という結論に至
ったのです。この契約というのは、王政時代のように王にその権限を譲り渡すのでは
なく、自分たちの思いを互いに持ち寄り、できるだけ多くの人の利益になるような落
としどころを見いだすというものでした。ルソーが目指した社会は、「みんながみん
なの中でより自由になる」[8]とも説明できます。1789年のフランス革命で王政は廃止

されますが、この革命前夜に示されたルソーの社会契約という考え方は現在の民主主義につながるものとなりました。

このルソーが、「自由な意思をもった人を育てるにはどうしたらよいのか」と考え書いた本が、『社会契約論』と同年に出版された『エミール』です。エミールという子どもと、彼を理想的な人物に育てようとする教師（現代の家庭教師のような者）のやりとりが中心になっています。ルソーは、人間は本来自然で自由な状態が望ましいと考えており、子どもも同様に自然で自由な状態がよいと考えました。このルソーの主張は、それまでの、子どもは小さな頃から厳しく育てた方がよいという西欧の考え方を大きく揺るがしたのです。子ども（人間）は罪を背負って生まれてくるという考え（原罪）に対して、生まれてきた状態が最も無垢であるとルソーは唱えています。以下に『エミール』の冒頭部分を引用します。

　　　万物をつくる者の手をはなれるときすべてはよいものであるが、人間の手にうつるとすべてが悪くなる。人間はある土地にほかの土地の産物をつくらせたり、ある木にほかの木の実をならせたりする。風土、環境、季節をごちゃまぜにする。犬、馬、奴隷をかたわにする。すべてのものをひっくりかえし、すべてのものの形を変える。人間はみにくいもの、怪物を好む。なにひとつ自然がつくったままにしておかない。人間そのものさえそうだ。[9]

よい状態で生まれてくる子どもを、大人が手を加えて歪めてしまってはいけないというわけです。『エミール』からは、子どもを型にはめたり、おかしな方向へ伸ばそうとするのではなく、彼らが伸びようとする方へ支えていくことが重要だという主張を読み取ることができます。

ルソーの教育観を、**消極教育**とか**自然主義教育**と呼びます。ただしこれは、「教育をしない」「何もしない」ということではありません。教育は必要だが、早期からの不自然な教育や、子どもの状態を無視した行き過ぎた教育はよくないということです。エミールからもう一か所引用しておきましょう。

　　　へたに教育された子どもは、ぜんぜん教育をうけなかった子どもよりずっと知恵から遠ざかることが、あなたがたにはわからないのだ。子どもがなんにもしないで幼い時代をむだにすごしているのを見て、あなたがたは心配している。とんでもない。しあわせに暮らしているのがなんの意味もないことだろうか。一日じゅ

う、飛んだり跳ねたり、遊んだり、走りまわったりしているのが、なんの意味もないことだろうか。一生のうちでこんなに充実した時はまたとあるまい。[10]

　幼い子どもたちが自由を楽しみ、のびのびと過ごすことを前向きに捉えようという考えが、18世紀中頃に示されていたことに驚かされます。現代にも通じるルソーの子ども・子育て観は、その後の教育思想家たちにも引き継がれていきます。

2.3　生活を通した教育――ペスタロッチ

　ペスタロッチ（Johann Heinrich Pestalozzi 1746-1827）は、彼の青年期とルソーが最も活躍していた時期が重なっていたこともあり、ルソーの思想に多大な影響を受けています。スイスのチューリッヒで生まれたペスタロッチは、大学入学前にルソーの思想にふれ、入学後は教師や仲間とともにルソーの本を熱心に学び心を強く揺さぶられます。大学を中退したペスタロッチは、農場の立ち上げに力を注ぎますが、その背景にはルソーの『エミール』に見られる自然主義がありました。しかしその農場は経営がうまくいかず、5年ほどで経営から手を引かざるを得なくなりました。

　農場が続けられなくなったペスタロッチは、農場と同じシュタンツに貧しい子どもや孤児が生活をしながら学ぶ学校をつくりました。貧しい子どもには、生活をする力を養うことが大切だと考えたからです。学校では知的・道徳的な教育を授けつつ、畑をともに耕し、農業の実践的な指導もすることで、彼らが自ら生計を立てられるよう目指します。しかしこの学校も経営難となり、6年で閉鎖に追い込まれてしまいます。理想を追求するあまり運営が困難になるという側面が、ここでも表れてしまったのです。

048 | 第Ⅰ部　幼児教育の基礎

　ペスタロッチの主著に、『隠者の夕暮』（1780年）と『リーンハルトとゲルトルート』（1781-87年）があります。『隠者の夕暮』には教育に対する思いが詰まっており、その冒頭で、人には身分の差などないということを「玉座の上にあっても木の葉の屋根の蔭に住まっても同じ人間」という言葉で表現しています。また、彼は家族の関係や家族のなかでの教育をより重視していますが、学校教育に関しては以下のような表現で説明しています。[11]

　　　学校の人為的な方法は、急がずに時期を択ぶ自由な自然の言葉の順序をともすればむりやりに駆り立てようとするが、こうした方法は人間を教育して、内面的な本性の力の欠乏を覆い、そして現世紀のような浮薄な時代を満足させる人為的な虚飾的なものにしてしまう。[12]

　このような、学校が子どもの自然な育ちを歪めてしまうという考え方は、ルソーの影響を少なからず受けていると読めます。『リーンハルトとゲルトルート』は、気が弱く酒を飲まされ金を巻き上げられる夫のリーンハルトと、7人の子どもたちの教育をしっかりと行う賢い妻・ゲルトルートの物語です。この物語はヨーロッパで広く読まれ大変な評判を呼びました。[13] ゲルトルートは、わが子だけでなく身近な子たちにもしつけや教えを施し良い影響を与えます。子どもを育てるには**家庭教育、生活を通した教育**がとても大切だという考えがここにも表れています。これは、『隠者の夕暮』で示した教育観と重なります。経済的にはうまく立ち回れなかったペスタロッチですが、農業を通して自然と向き合いながら、子どもたちを家族のように育てるということに熱い情熱をもった思想家であり熱心な教育者でした。

2.4　幼稚園の始まり──フレーベル

　フレーベル（Friedrich Wilhelm August Fröbel 1782-1852）は、1840年に世界で初めて幼稚園（Kindergarten）という名を冠した施設をドイツに作った人としてよく知られています。なお、フレーベルに先んじてイギリスの**オーウェン**（Robert Owen 1771-1858）は1816年に**性格形成学院**という学校内に幼児学校をつくっています。これは労働者の子どもを預かり教育する施設として、現代の保育所と重なるものです。

　フレーベルはペスタロッチの思想や教育実践に強く刺激を受け、2度ほどペスタロッチの学校を訪問しています。1度目は、驚くべきことにドイツのフランクフルトからスイスのイヴェルドンまで徒歩で出かけたといいます。[14]

第3章　幼児教育の思想・制度とその歴史的変遷 ｜ 049

　フレーベルの主著『**人間の教育**』の冒頭に、「すべてのもののなかに、永遠の法則が、宿り、働き、かつ支配している[15]」とありますが、彼はあらゆるもののなかに神が宿り、神がその法則を支配していると考えていました[16]。自然のなかにもその法則が宿ると考え、植物が育つ姿に人間の育ちを重ね合わせて、幼稚園において植物を栽培することに力を入れました。また、フレーベル自らが開発した**恩物**という教材を使って教育を行ったことも特徴的です。後述しますが、1876（明治9）年に日本で初めて幼稚園が設立されたときにもフレーベルの恩物や彼の考え方が取り入れられました。

2.5　日本で初めての幼稚園──東京女子師範学校附属幼稚園

　幼稚園という名前の幼児教育施設がドイツにできたのが1840年のことでしたが、日本で初めての幼稚園が設立されたのはいつ頃だと思いますか。明治の初め頃、横浜や京都に今の幼稚園に近い施設がつくられたことはあるのですが、それらは長く続きませんでした[17]。現在までつながる幼稚園として、また全国の幼稚園のモデルとなる施設は1876（明治9）年、**東京女子師範学校附属幼稚園**が東京・お茶の水に設立されたことに端を発します。日本に近代学校の制度である**学制**が公布されたのが1872（明治5）年で、小学校に通わせることも未だ定着していない時代のことでした。

　日本初の小学校は1869（明治2）年に開校した京都の上京第二十七番組小学校（柳池小学校）とされています。その後小学校の数は増えていったものの、学校へ通わせる習慣はなかなか定着しませんでした。多くの家庭では子どもに家業の手伝いをさせたり子守りや奉公に出したりしていたので、子どもたちを学校へ通わせれば、働き手を失うことになるからです。学制の序文にあたる「**学事奨励に関する被仰出書**（おおせいだされしょ）」には、「邑（むら）に不学の戸なく、家に不学の人なからしめん事を期す」と書かれていることからも、皆が学校へ通い、学校へ行かない子がいないようにしましょうというスローガンを国が掲げていたことがわかります。つまり、そうでもしないと学校教育が定着しなかったということです。そのように考えると、明治の初めに幼稚園へ通うことができたのは、ごくわずかな経済的に恵まれている家庭の子どもだけだったということも想像に難くありません。

　この時代は当然のことながら幼稚園教諭（保母）を養成する学校もなく、幼稚園教諭を経験した人も見つけられなかったため、ドイツでフレーベルに直接教えを受け日本人と結婚していた**松野クララ**を主任保母として迎えました。このような背景もあり、日本で初めてできた幼稚園では、恩物を活用し、外国の童話や遊戯に日本語をあてたものを取り入れていました。また、通っている子どもたちは貴族や裕福な家庭の子ど

もだったので、エリート意識を育てるような教育が幼稚園に期待されたそうです。このように幼稚園設立後しばらくの間は、フレーベルが考えていたような、ごく一般的な子どもたちを対象とした幼児教育とは異なるものとなってしまいました。こういった限られた家庭の子どもたちを対象にした幼児教育を、遊びを中心としたものに変えようと力を尽くしたのが倉橋惣三です。

2.6　子ども中心の教育――倉橋惣三

　倉橋惣三（1882-1955）は東京女子高等師範学校の教授と附属幼稚園の主事を長く務めた人です。彼は若い頃から子どものことが好きで、第一高等学校に通う頃から授業の合間を見てはお茶の水にある附属幼稚園に通っていました。東京帝国大学の哲学科に進み、児童心理を学ぶようになってからも幼稚園通いは続き、大学院へ進んだ後の1910（明治43）年、彼が28歳の頃に東京女子高等師範学校の講師となります。その7年後には教授へと昇進し、それと同時に附属幼稚園の主事を任されました。そこからは園の責任者としてお茶の水の附属幼稚園に関わっていくことになります。

　倉橋は主事として幼稚園の改革を進めていきました。よく知られているエピソードは、20種類ある恩物をいっしょくたにし、積み木と同じように使わせたという話です。本来恩物は、保母が幼児に言葉をかけながらその形や性質を感じさせ、そのものの特性をつかませたのちに遊ばせるという使い方が決められていました。ところが倉橋は、そういった堅苦しい使い方をするのではなく、恩物を使って自由に遊ばせたらよいではないかと考えたわけです。フレーベルを信奉していた倉橋は、フレーベルの考えについてよく学んでいましたが、だからこそ子どもにこのような使い方をさせてもフレーベルの怒りは買わないだろうと考え行動を起こしました。より深くフレーベルの考えを理解していたからこそ、できたことなのかもしれません。

第3章　幼児教育の思想・制度とその歴史的変遷 ｜ 051

　子どもは本来自分のやりたいことがあり、それを自由にさせることが幼児教育にとって大切なのだと倉橋は考えていました。「生活を生活で生活へ[19]」や「幼児のさながらの生活[20]」という有名な倉橋独特の言葉があります。ここに、子どもの自然な思いを大切にすることが重要であるという考えが埋め込まれています。大正から昭和の前半にかけて活躍した彼の考え方は、**児童中心主義**という言葉で表現されたりもします。この子どもの思いを中心に保育・教育を進めていくという考え方は、今の幼児教育につながるものです。現在の幼児教育で大切にされている、子どもの自発的な活動としての遊びを通した総合的な指導も、その源流をたどると、倉橋が幼稚園の改革をしたこの時代に行き着くといえます。

2.7　共同精神を育てる教育——城戸幡太郎

　倉橋と同じ時代に活躍し、彼の「児童中心主義」を批判したのが**城戸幡太郎**（1893-1985）でした。城戸は愛媛の松山に生まれ、生家は「城戸屋」という旅館でした。夏目漱石の『坊っちゃん』に登場する「山城屋」のモデルになった宿です[21]。城戸は東京帝国大学にて心理学を学び、その後ドイツへ留学します。帰国後は法政大学教授として招かれ、学生たちを指導しつつ、1929（昭和4）年には大学に児童研究所をつくりました。学生たちに保育所の実習をさせるなかで、幼児教育にも興味をもつようになります。

　当時（1930年代）、幼稚園と保育所では通ってくる子どもたちの家庭的な背景に大きな違いがあり、保育所では経済的に困窮している家庭の子どもが多かったとされます。そのような状況を見て城戸は、保育所に通う子も幼稚園に通う子も同じようによい教育を受ける必要があり、保育所と幼稚園を一緒にできないかと考え、それぞれの保母に声をかけて研究会を始めました。それが**保育問題研究会**（1936〜）であり、現在も全国的に続く息の長い研究会となっています。

　城戸は、保育は科学であるべきとし、それに伴い保母（保育者）も研究者でなくてはならないと考え、研究会のなかでは保母にも積極的に発表をさせています。また自己は社会の一部分として存在すると考えていたため、倉橋の「児童中心主義」とは相いれない考えをもっていました。子どもそれぞれの自己を大切にしたいという思いはもちつつも、その自己は社会的・歴史的なものであると捉え、子どもの自己は社会生活のなかで育てるべきだと考えたのです。この思いは倉橋と全く異なるというわけでもないのですが、社会生活や集団での生活において共同精神を育てることが重要であると考えていたため、倉橋の「児童中心主義」と比して城戸の考え方は**社会中心主義**と呼ばれることもあります。戦後、城戸は北海道大学に教育学部を設立するために招

052 | 第Ⅰ部　幼児教育の基礎

聘され、1951（昭和26）年には学部長に任命されました。そして翌年には、近隣の子どもたちを保育するための施設「北大幼児園」を構内につくり、園舎がない当時は古い電車の車両で保育を行っていました。

2.8　戦後の幼児教育から現代へ――保育内容の変遷

　このように幼児教育に貢献してきた人たちが活躍するなか、日本の幼稚園教育も少しずつそのかたちを整え発展してきました。ただ、幼稚園設立当初は国としての規定がなかったため、東京女子師範学校附属幼稚園の規定や保育法が全国の幼稚園のモデルとなっていきました。そのため、当園で行っていたピアノを用いた音楽指導が一般的となり、「幼稚園ではピアノを使って音楽指導をする」という考え方が全国に広がったのです。現在の園ではさまざまな方法で音楽を楽しむ実践が展開されていますが、「ピアノを弾けなくてはいけない」という先入観はなかなか消えません。

　戦後になり、初めて国としての幼稚園や保育所のガイドラインが作成され、1948（昭和23）年に**保育要領**が刊行されました。これは幼稚園、保育所、そして家庭の保育についてもふれたもので、現代の幼稚園教育要領や保育所保育指針の原点となるものです。その後、幼稚園独自の規定が必要だとされ、1956（昭和31）年には最初の「幼稚園教育要領」が策定されました。このとき、幼稚園と保育所は異なるものだという意味を込めて、保育ではなく「教育」という言葉を用いて要領がつくられたのです。また、小学校の教科に代わる概念として**領域**が示され、当時は6領域（健康、社会、自然、言語、音楽リズム、絵画制作）が作成されました。しかしこの6領域が、小学校の教科と重なるようなかたちであったため、それぞれが小学校の体育、社会、理科、国語、音楽、図画工作のように扱われることとなり、その影響が後々まで長く尾を引くことになります。

　1964（昭和39）年には幼稚園教育要領の1回目の改訂が行われ、同時に、法的な意味をもつ文部省告示として位置付けられました。このとき、6つの領域が小学校の教科のように扱われていることを危惧した文部省は、領域について、「相互に密接な連関があり、幼児の具体的、総合的な経験や活動を通して達成されるものである」と要領のなかでも記しています。しかし、領域を教科のように扱う幼児教育はなかなか変わることができないまま、昭和の終わりまで続くことになります。

　1989（平成元）年、25年ぶりに要領が改訂告示されました。このときの改訂で、それまでの6領域が、5つの領域（健康、人間関係、環境、言葉、表現）に再編されました。これは現在も続く5領域と同じものですが、単に領域の数を減らしたということこ

第3章　幼児教育の思想・制度とその歴史的変遷 ｜ 053

だけに留まりません。その背景には、小学校教育を意識しすぎた幼児教育がありました。以前より幼稚園の領域を小学校の教科のように扱う教育が実施されてきており、極端な場合、子どもたちが全員黒板の方を向き、漢字の読みや楽器演奏の練習をしているケースもありました。そういった幼児教育を変えようとしたのが1989年の改訂です。そこでは「幼稚園教育は、幼児期の特性を踏まえ環境を通して行うものであることを基本とする」とされ、幼児教育は保育者が一斉に指導することを中心にするのではなく、**「環境を通して行う」**ことが基本だという方向転換がなされました。そのうえで、「幼児の自発的な活動としての遊び」が「発達の基礎を培う重要な学習である」ことをはっきりと提示し、**「遊びを通しての指導を中心」**とすることが明確に示されたのです。その後、3回の改訂が行われて現行の幼稚園教育要領に至るわけですが、この1989年の改訂の趣旨は現在においても引き継がれています。

3 ▶ 現代の保育制度と課題

　日本に幼稚園ができてから150年ほど経ちました。現在は主な就学前施設として幼稚園・保育所・認定こども園が機能しており、長時間開所している保育所や認定こども園の数が増えています。

　表3-1に示すとおり各施設の根拠法や管轄に違いはありますが、幼稚園の100年以上にわたる歴史のなかで築かれてきた「遊びを通しての指導」という基本は、保育所や認定こども園の実践でも共通しています。2017（平成29）年の法令改訂（第1章参照）以降は、保育所や認定こども園も「幼児教育を行う施設」であることが明示され、5領域のみならず「育みたい資質・能力」や「幼児期の終わりまでに育ってほしい姿」についても同じく整合性が図られています。

　時代とともに教育や保育を巡る考え方や制度は変化を遂げてきたわけですが、一方で、依然として課題も残ります。例えば、保育者の**配置基準**は戦後長らく変わらず、改正までに数十年を要しました。[22] 子ども一人一人を丁寧に見ていくためには引き続き制度の見直しが求められるでしょう。

　また、「育みたい資質・能力」は便宜上3つに分かれていますが、「知識及び技能の基礎」だけを取り出して指導できると捉えてしまうと、子どもたちの状態にかかわらず新しい言葉を教えて、その書き方や意味を覚えさせるなどといった姿にもなりかねません。そこで、子ども自身の興味や関心、必要感は考慮されているといえるでしょうか。遊びを通しての総合的な指導を軸に考えれば、こういった実践はおかしいとい

054 | 第Ⅰ部　幼児教育の基礎

うことに気づくでしょう。そうではなく、例えば子どもたちが始めたレストランごっこのなかで、「メニューを作りたい」という思いが表れ、その必要に応じて文字を知ろうとしたり、書き方を保育者に聞くといったなかで文字の知識や技能が育まれる方が自然といえます。教科ごとに行われる授業形式の指導は小学校以降に行われますので、就学前に先取りする必要はないのです。今後は、幼児教育の理念がより定着し、ど

表3-1　就学前施設の枠組み

	幼稚園	保育所	幼保連携型認定こども園
子どもに関する施策の基盤	子どもの権利条約／日本国憲法／こども基本法		
根拠法	学校教育法	児童福祉法	子ども・子育て関連3法
所管	文部科学省		内閣府こども家庭庁
目的	「義務教育及びその後の教育の基礎を培うものとして、幼児を保育し、幼児の健やかな成長のために適当な環境を与えて、その心身の発達を助長すること」（学校教育法第22条）	「保育を必要とする乳児・幼児を日々保護者の下から通わせて保育を行うこと」（児童福祉法第39条）	「義務教育及びその後の教育の基礎を培うものとしての満3歳以上の子どもに対する教育並びに保育を必要とする子どもに対する保育を一体的に行い、これらの子どもの健やかな成長が図られるよう適当な環境を与えて、その心身の発達を助長するとともに、保護者に対する子育ての支援を行うこと」（就学前の子どもに関する教育、保育等の総合的な提供の推進に関する法律第2条）
設置者	国、地方公共団体、学校法人など	地方公共団体、社会福祉法人など	国、地方公共団体、学校法人、社会福祉法人など
内容の基準	幼稚園教育要領	保育所保育指針	幼保連携型認定こども園教育・保育要領
対象児	満3歳〜小学校就学前の幼児（学校教育法第26条）	保育を必要とする乳児・幼児（児童福祉法第39条）、監護すべき乳児、幼児その他の児童（同第24条）	小学校就学前の子ども（就学前の子どもに関する教育、保育等の総合的な提供の推進に関する法律第1条）
教育時間・保育時間	・39週を下ってはならない ・4時間（標準） ・預かり保育の実施	・原則8時間 ・保育必要量の認定により、最長11時間	・39週を下ってはならない ・短時間利用と長時間利用の共通：4時間 ・預かり保育の実施 ・保育を必要とする子ども（長時間利用）は原則8時間、最長11時間
資格・免許（幼稚園教諭・保育士・保育教諭）	幼稚園教諭免許状を有する者（教育職員免許法）	指定保育士養成施設を卒業した者／保育士試験に合格した者（児童福祉法第18条の6）	幼稚園教諭免許状と保育士資格を併有する者
配置基準	一学級あたりの子どもの人数 35人以下	保育士一人あたりの子どもの人数 0歳　3：1 1・2歳　6：1 3歳　15：1 4歳以上　25：1	保育教諭一人あたりの子どもの人数 0歳　3：1 1・2歳　6：1 3歳　15：1 4歳以上　25：1

この園に行っても遊びを通した総合的な指導が受けられるような状況が期待されます。

注

1）エドワード・シルヴェスター・モース／石川欣一訳『日本その日その日』講談社、2013

イザベラ・バード／高梨健吉訳『日本奥地紀行』平凡社、2000

2）アニタ・ショルシュ／北本正章訳『絵でよむ子どもの社会史—ヨーロッパとアメリカ・中世から近代へ』新曜社、1992、p.7

3）フィリップ・アリエス／杉山光信・杉山恵美子訳『〈子供〉の誕生—アンシァン・レジーム期の子供と家族生活』みすず書房、1980、p.1

4）ヒュー・カニンガム／北本正章訳『概説子ども観の社会史—ヨーロッパとアメリカにみる教育・福祉・国家』新曜社、2013、pp.85-89

5）ロック／服部知文訳『教育に関する考察』岩波書店、1967、p.150

6）同上、pp.151-152

7）同上、p.153

8）苫野一徳『読書の学校 社会契約論—苫野一徳特別授業』（別冊NHK100分de名著）、NHK出版、2020、p.44

9）ルソー／今野一雄訳『エミール』（上）、岩波書店、1962、p.23

10）同上、p.162

11）鈴木由美子『ペスタロッチー教育学の研究—幼児教育思想の成立』玉川大学出版部、1992

12）ペスタロッチー／長田 新訳『改版 隠者の夕暮・シュタンツだより』岩波書店、1993、p.11

13）長尾十三二・福田 弘『ペスタロッチ』（Century books 人と思想105）、清水書院、1991

14）小笠原道雄『フレーベル』（Century books 人と思想164）、清水書院、2000

15）フレーベル／荒井 武訳『人間の教育』（上）、岩波書店、1964、p.11

16）幼児開発協会編『幼児教育を築いた人びと』春秋社、1985

17）上 笙一郎・山崎朋子『日本の幼稚園』筑摩書房、1994

18）同上

19）倉橋惣三『幼稚園真諦』（倉橋惣三文庫1）、フレーベル館、2008、p.23

20）同上、p.61

21）城戸幡太郎『教育科学七十年』北海道大学図書刊行会、1978

22）保育士の配置基準は2024年4月より改正され、4・5歳児は1：30から1：25に、3歳児は1：20から1：15になりました（1948年の制度開始以来初めての改正）。幼稚園設置基準も1学級原則30人以下に引き下げる方針が示されています。

日本女子大学附属豊明幼稚園
（東京都・文京区）

　日本に最初の幼稚園ができてから30年、1906（明治39）年に日本女子大学附属豊明幼稚園は設立されました。これは日本女子大学（当時は日本女子大学校）が1901年に開校してから5年後のことです。当時、全国には公私含めても未だ300ほどの幼稚園しかありませんでした。そう考えると、この時代に幼稚園へ通うことのできた子どもたちの背景には、幼児教育に対する保護者の理解と、それを支える経済的な余裕があったのだと想像されます。

　当時の写真（提供：成瀬記念館）を見ると、保育者は和服を着ており日本髪を結っています。子どもたちはというと和服の子とセーラー服など洋服の子が混在していたようです。大きな積み木を使って遊んでいる様子が見えますが、保育室の奥には大きな黒板がありチョークで木と鳩と思しき鳥の絵が描いてあります。机こそ並べられていないものの、正面に黒板があるこの部屋は、小学校の教室に似たつくりをしていることがわかるでしょう。学校教育として始められた日本の幼稚園は、ドイツにあるフレーベルが世界で初めてつくった幼稚園の教育をその範としながらも、保育室は日本の小学校に近いつくりにしたということが象徴的です。今でも一学級の子どもの数が多く、一人の保育者がたくさんの子どもたちを担当するという日本の幼稚園教育は、家庭的な雰囲気をイメージしてつくったヨーロッパの園よりも、日本の小学校に近いかたちといえます。

　黒板の上に絵が掲げられているのが見えますが、これはフレーベルの肖像画です。日本女子大学を創設した成瀬仁蔵ではなく、幼稚園の創始者であるフレーベルの肖像画を掲げているということは、それくらいにこの当時の幼稚園ではフレーベルという存在が大きかったと考えることができます。

　成瀬はアメリカの教育学者であるJ・デューイの思想に強く感化され、1912年にアメリカへ行きデューイと面会を果たしています。このとき、附属豊明幼稚園や豊明小学校の子どもたちの作品を持っていったそうです。そして1919年に、今度はデューイが妻とともに来日し、日本女子大学と附属豊明幼稚園を訪問しました。デューイ夫妻は当時病床にあった成瀬を見舞い談笑しましたが、それから半月後に成瀬が亡くなったため、デューイは成瀬の告別式に参加することになります。「経験することによって学ぶ（Learning by Doing）」ことを強く主張したデューイが園を訪問したことは、現在も遊びを通しての学びを大切にしている豊明幼稚園に少なからず影響を与えたことでしょう。

＊上野正道『ジョン・デューイ―民主主義と教育の哲学』岩波書店、2022

（請川滋大／協力：日本女子大学附属豊明幼稚園 吉岡しのぶ）

第4章 子どもの遊びと教育的意義
―― 遊びと学び、遊びの質

1 ▶ 幼児教育における遊びの意義

『幼稚園教育要領解説』には、幼児期の発達とその捉え方について「幼児の心身の諸側面は、それぞれが独立して発達するものではなく、幼児が友達と体を動かして遊びを展開するなどの中で、それぞれの側面が相互に関連し合うことにより、発達が成し遂げられていくものである」[1]と示されています。そのうえで「小学校以降の教育や生涯にわたる学習とのつながりを見通しながら、幼児の自発的な活動としての遊びを通しての総合的な指導を行うことが大切である」[2]と謳われています。この幼稚園教育要領が示す **「遊びを通しての総合的な指導」** とはどのような教育なのでしょう。ここでは、子どもの遊びと教育的意義について考えていきます。

1.1 幼児にとっての遊び

赤ちゃんは、生まれたときから周囲の環境に興味を示します。自分を見つめる他者の視線、動き、声などを敏感に捉え、その動きを目で追う、音がする方向に視線を向けるといった行動が見られます。また、意思をもって、自分の好みのものを注視することもあります。この自身をとりまく環境への興味こそが、人間としての遊びの原点と考えることができます。

058 | 第Ⅰ部　幼児教育の基礎

　一般的には「遊び」というと、多くの人が学習や仕事の対極にあるものと思うのではないでしょうか。これについて、歴史学者であるホイジンガ（J. Huizinga）は「遊びとは何なのか、なぜ人は遊ぶのか」という問いを立てて、そもそも人間とは「ホモ・ルーデンス＝遊ぶ人」であり、遊ぶことに人間の本質がある、遊びのなかからあらゆる文化は生まれるという人間観を生み出しました。さらに、「遊び」が人間の生活に意味を与えるものであるとし、人間は「楽しいから遊ぶ」というように、本能的に遊びを必要としていること、人生の営みにおける「遊び」の重要性を指摘しています。

　「遊び」は仕事や労働の対極にあるものではなく、「真面目さ」と対置するとも表現されていますが、遊ぶこと自体が人間にとっての本能的なものであり「真剣に遊ぶ」「熱中して遊ぶ」「本気で遊ぶ」と表現する場合もあります。「遊び」の説明概念として、ホモ・ルーデンスという人間観が示された後、「遊び」については、表4－1に示すように発達心理学、社会学などさまざまな研究分野において検討されてきました。

　ビューラー（K. Bühler）は、遊びを心理的機能面から「感覚遊び」「運動遊び」「模倣遊び」「構成遊び」「受容遊び」の5つに分類しました。さらにこの分類を、発達段階説で説明したのがピアジェ（J. Piaget）です。

　ピアジェは、人間の発達には感覚－運動期（0〜2歳ごろ）、前操作期（2〜7・8歳）、具体的操作期（7・8〜11・12歳）、形式的操作期（11・12歳〜）の4段階があると考えました。この4段階のなかで、幼児期は前操作期に当てはまります。前操作期にある子どもには、感覚－運動期に獲得した「物の永続性」から発展し、目の前にないものを思い浮かべ、イメージすることができる**象徴機能**を獲得していきます。この象徴機能が発達してくると見立て遊びができるようになり、ごっこ遊びなどを楽しむようになります。この発達段階を踏まえ、ピアジェは遊びを知的発達の視点から「機能行使の遊び」「シンボル遊び」「ルール遊び」の3つに分類しました。この分類によると、幼児には自身の体の動きを感じるだけで興奮し、その状態を楽しむ時期、物事をイメージする力を身につけ、モノにも意思があるかのようなアニミズム的世界観のなかでごっこ遊びや模倣遊びを楽しむ時期といった段階を経て、徐々に他者の考えや他者との関係性を理解し、ルールのある遊び、協同的な活動を楽しむ時期に移行していくとされています。

　またカイヨワ（R. Caillois）は、社会学的側面から遊びの内容を「アゴン（競争：鬼ごっこ、リレーなど）」「アレア（偶然：ジャンケン、くじ引き）」「ミミクリ（模倣：ごっこ遊び、物まね）」「イリンクス（眩暈：ブランコ、ジェットコースター）」の4つに分類

第4章　子どもの遊びと教育的意義 ｜ 059

表4－1　古くからの「遊び」の種類

ビューラーの分類 （心理的機能面）	カイヨワの分類 （遊びの内容）	ピアジェの分類 （知的発達の視点）	パーテンの分類 （遊び方の観点）
①感覚遊び （機能遊び）	①アゴン：競争遊び （鬼ごっこ）	①機能行使の遊び	①専念しない行動 （何もせずにぶらぶらしている）
②運動遊び （走る／投げる）	②アレア：偶然遊び （ジャンケン）	②シンボル遊び （ごっこ・想像・模倣遊び）	②傍観者遊び （他の遊びを見ているだけ）
③模倣遊び （想像／ごっこ遊び）	③ミミクリ：模倣遊び （ごっこ遊び）	③ルール遊び	③ひとり遊び
④構成遊び （想像遊び）	④イリンクス：眩暈遊び （ブランコ）		④平行遊び （他の子どものそばで、同じような遊びを展開するが互いに関わり合わない）
⑤受容遊び （動植物・絵本）			⑤連合遊び （他の子どもと玩具のやりとりをして遊ぶ）
			⑥協同遊び （組織的遊び：共通の目標に向けて仲間関係が組織され役割を持って遊ぶ）

出所：橋本創一・枡 千晶「保育における子どもの社会性とイメージする力を育てる遊び」『ふたば』80、母子健康協会、2016（一部改変）

　しました。さらに、カイヨワはこの４種類の遊びについて発達水準の観点から、パイディア（即興的で気まぐれな遊び）とルドゥス（秩序の明確な遊び）の２つに分けました。４つの分類のルドゥス側面として、「アゴン」では野球やサッカー、「ミミクリ」では劇遊びやオペレッタ、「イリンクス」ではスキーやモトクロスなど、より詳細なルールや場面設定、道具を使いこなすことが必要な遊びが考えられます。[4]

　さらにパーテン（M. B. Parten）は、遊び方の観点から、遊びが一人遊びから集団遊びへと移行していく、子どもが社会参加していく過程を６つに分類しました。幼児の遊びとしては、年少児・年中児には「平行遊び」「連合遊び」がよく見られますが、年長児になると徐々に場を見立てたり、役割やルールをつくって遊んだりする「協同

遊び」が見られるようになります。しかし近年では、遊びの社会化は子ども一人一人の個性によるところが大きい、この過程は一律ではないと考えられています。年長児になっても、一人で昆虫の観察をしたり、狭い場所で本を読みながら過ごすという姿が見られることがあります。こうした遊び方に理解を示しつつ、保育者は子どもが警戒心や不安を抱えていないか、集団から疎外されていないか、発達に課題がないかなど、その要因、背景について注意を向ける必要があります。

このように、この世に生まれ落ちたときから環境からの刺激を受け、発達を始める人間にとって、遊びは生きる営みであり、成長発達の第一歩は遊びによって成し遂げられると考えることができます。遊びは子どもと物的環境・人的環境との関わりを誘発する手段である、成長と経験により遊びの幅を広げ変化させていく、これこそが、幼児教育の基本は「遊びを通しての総合的な指導」とされる所以なのでしょう。

1.2 要領・指針等における遊び──育みたい資質・能力

幼稚園教育要領、保育所保育指針、幼保連携型認定こども園教育・保育要領では、幼児期に育みたい資質・能力について次のように示されています。

> 幼稚園においては、生きる力の基礎を育むため、この章の第1に示す幼稚園教育の基本を踏まえ、次に掲げる資質・能力を一体的に育むよう努めるものとする。（幼稚園教育要領第1章-第2-1）

> 保育所においては、生涯にわたる生きる力の基礎を培うため、1の（2）に示す保育の目標を踏まえ、次に掲げる資質・能力を一体的に育むよう努めるものとする。（保育所保育指針第1章-4-（1）-ア）

> 幼保連携型認定こども園においては、生きる力の基礎を育むため、この章の1に示す幼保連携型認定こども園の教育及び保育の基本を踏まえ、次に掲げる資質・能力を一体的に育むよう努めるものとする。（幼保連携型認定こども園教育・保育要領第1章-第1-3-（1））

「次に掲げる資質・能力」については、第1章の図1-2でも示したとおり、いずれも以下のとおり同じ内容になっています。

- 豊かな体験を通じて、感じたり、気付いたり、分かったり、できるようになったりする**「知識及び技能の基礎」**
- 気付いたことや、できるようになったことなどを使い、考えたり、試したり、工夫したり、表現したりする**「思考力、判断力、表現力等の基礎」**
- 心情、意欲、態度が育つ中で、よりよい生活を営もうとする**「学びに向かう力、人間性等」**

　この「知識及び技能の基礎」「思考力、判断力、表現力等の基礎」「学びに向かう力、人間性等」といった3つの資質・能力は、幼児教育から小・中・高校の学習指導要領を縦に貫く柱、つながりをもちながら一貫して教育課程において育むべきもの（3つの柱）となっています。

　さらに、要領・指針等には園生活全体のなかでこの3つの資質・能力を育んでいくために、第1章でも解説したように**5領域（健康・人間関係・環境・言葉・表現）**ごとに、ねらいと内容が示されています。ただし子どもたちの経験を各領域ごとに独立したものとして捉えるのではなく、経験が相互に絡み合い、関わり合いながら、そのねらいと内容が達成されることが期待されています。その際、保育者は、子どもたちが環境に関わることを通して総合的に指導をすると定められています。さらに保育者には、こうした教育活動を通して子どもたちの資質・能力を一体的に育み、就学に向け「幼児期の終わりまでに育ってほしい姿」（10の姿）を捉えていけるよう考慮しながら子どもたちを指導していくことが求められているのです。

　幼児教育では、この3つの資質・能力を育むことを**「遊びを通しての総合的な指導」**によって行なわなければなりません。保育者は、日々の生活や遊びのなかに学びの要素を散りばめる工夫をしていきます。具体的には、子どもたちが遊びのなかで自然と体を動かし心身ともに成長できるようなしかけをする、子ども同士が関わりながら互いの思いを理解し折り合いをつける方法を見つけるように援助する、子どもたちが自分で遊びを見つける・つくり出すような環境構成をする、歌や絵本を通して語彙を増やし言葉の意味を理解できるように支える、自分の思いをさまざまな活動を通して

表現していく力を養うといったことも重要です。つまり、要領・指針等には、子どもたちが経験という名の学びを積み重ね、成長発達していくための手段としての「遊び」、そのための「環境」を保育者が十分に理解し指導に役立てていく方向が示されているのです。

1.3 幼児教育としての遊び
―― 質を問うことの意味、幼児期の終わりまでに育ってほしい姿との関連

幼児教育における目標は**方向目標**であり、就学前までにこれをできるようにする、といった目標は設定していません。遊びを通して育まれる資質・能力と、その先にある姿（幼児期の終わりまでに育ってほしい姿〔10の姿〕）についても、こうした育ちが見られるようになることを期待して実践を行うということであり、**到達目標**ではありません。では、子どもたちの資質・能力は具体的にはどのような活動から育まれるのでしょうか。事例を通して考えてみましょう。

事例4－1 「ちょっとまって」

5歳児クラス／11月

年長男児たちは、園庭の真ん中にある大木の周りに集まり、ジャンケンで鬼を決めて鬼ごっこを始めました。起伏をものともせず、他の遊びをしている友達にぶつからないように注意を払いながら、木々の間を駆け回ります。捕まりそうになると腰に付けた木の枝で戦い、鬼を振り切るとまた駆け出します。

しばらくすると、子どもたちが集まってきました。鬼役の子が「これだと、なかなか捕まえられない」と言い、話し合いが始まりました。「坂道の下は、なしね」「戦って負けたら交代して」などの意見が出て、ルール改正が行われているようです。話がまとまると子どもたちは頷き、また駆け出します。

第4章　子どもの遊びと教育的意義 ｜ 063

　鬼ごっこは単純な遊びのように見えますが、実は子どもたちのなかでイメージの共有ができていないと、ただ走り回るだけの活動になってしまいます。これでは楽しむことができませんし、遊びが続きません。小川博久は、遊びが継続する要因として「イメージが強化されることで、幼児の遊びは、遊び仲間、遊び道具と遊びのテーマ、遊び場所へのこだわりが成立する。このこだわりこそ、幼児が園に来て繰り返し同じ遊びを持続させる[5]」と述べています。つまり、子どもたちが始める遊びには、彼らのこだわり（思い）が反映されており、それに没頭するなかで、仲間関係がつくられ、道具の使い方を身につけ、場所を使いこなすといった、経験と探求の機会が埋め込まれているのです。こうした経験の積み重ねが遊びを通した学びといえます。園生活のなかでは子どもの発想から遊びが生まれ、その遊びが深化したり、協働的なものに発展したりしていきます。子どもたちのなかに試行錯誤、体験、工夫という流れができると、遊びが長く続いていきます。

　では、事例の鬼ごっこから、遊びを通して子どもたちがどのような力を身につけていくのか、「10の姿」をイメージして考えてみましょう。子どもたちは、自由に起伏のある園庭を駆け回っている（**自立心、健康な心と体**）ように見えますが、他の遊びをしている友達にぶつからないように、戦いの場面でも相手を傷つけないように（**道徳性・規範意識の芽生え**）、周囲の状況を判断しながら遊んでいます。そして、「この遊び方だとうまくいかない」ということに気づき、話し合いを始めます（**豊かな感性と表現、言葉による伝え合い**）。話し合いのなかで、ルールを改正しながらより楽しく遊べる方法を探し、問題を解決します（**思考力の芽生え、協同性**）。

　保育者は、こうした子どもたちの遊び場面から、子どもたち一人一人の姿を観察します。この場面だけでも「ずっと鬼になっている子」「戦いの場面ではいつも自分の勝ちを主張する子」「周囲に気を配り声をかける子」といったさまざまな子どもの姿がありました。こうした子どもの姿から、それぞれの子どもに経験させたいことを把握し、学びの環境を構成したり、活動を計画したりしていくのです。また、状況に応じて活動に適した場所を具体的に示したり、時には自ら子どもたちの遊びのなかに入り、遊びを発展させる、継続させるための働きかけをしたりするなど、遊びの質を高めていく援助をすることも必要になります。

064 | 第Ⅰ部　幼児教育の基礎

2 ▶ 遊びの質を高める援助のポイント

　日本の幼児教育の父と呼ばれる倉橋惣三は、幼児の生活を大切にしながら教育を行うことの重要性を唱え、その著書『幼稚園真諦』のなかで「可愛い子供たちが自然のまま遊んでいる中に、いつのまにか、するすると教育に入らせるようにする工夫はないものでしょうか」と述べています。

　保育者は、子どもたちの生活に無理のないように配慮しながら実践を考え、形づくっていきます。子どもたちは、周囲の物的環境、人的環境に主体的に関わり、遊びを通して学びを深めていくのですが、そのために保育者は常に子どもの遊びの質が高まるように、意図やねらいをもって環境を構成したり、機会を創出したりする必要があります。ここからは、子どもたちが遊びに没頭し、さらに遊びの質を高めていくために保育者はどのような援助をしているのか、事例や章末のコラムを参照しながら考えていきましょう。

2.1　素材や道具の活用——作り見立ての必要性

　子どもたちが遊びを想起したり、遊びを発展させたりしていくためには、きっかけが必要です。ごっこ遊びのなかでモノを何かに見立てて遊ぶことが、時に子どもの探求心を育み、調べてやってみることや協同することの楽しさを味わう実体験につながっていきます。以下の事例の園（p.70コラムも参照）では、子どもたちのなかからさまざまな遊びが生まれています。

事例4－2　「これって化石じゃない？」

5歳児クラス／7月

　カイトくんが園庭で石を掘り出したところから「化石ごっこ」が始まりました。カイトくんが見つけた石を見て、周りの子どもたちも「これって化石じゃない？」と言い出し、皆で化石探しが始まりました。子どもたちは、自分が掘り出した石と友達のものを見比べ、その形について話したり、大きさを比べたりしていました。

　そのうちに「これは化石、これは化石じゃない」といった評価も始まり「確かめてみよう」という探求心が生まれてきました。子どもたちが石を洗ったり、

話し合ったりする様子を見ていた保育者は、園庭の端に場を作り、石を研磨するためのヤスリ、研磨した際に出る粉をはらうハケといった道具を用意したところ「化石ごっこ」が「化石研究所ごっこ」となり、さらに遊びが深まっていきました。

　もし、このときに保育者が「どっちの石が大きいかな？　一番多く掘ったのはだれ？」などと、大きさ比べや数比べ、競争する楽しさのみで遊びを評価したとしたら、このような遊びの深まりを見ることはできません。化石研究所に、自分が掘り出した石を持った年中児や年少児が訪れると、年長児は「これは化石だね、磨いてあげるね」と受け取ります。化石研究所には数人の子どもたちがいて、化石を受け取る人、磨く人、粉を払う人、というように役割分担をしながら遊んでいます。年中児や年少児はその様子を外から眺め、自分が持ち込んだ石が研究所の棚や保育室に飾られると、こんなふうに遊ぶと楽しい、自分たちもこんな遊びをしてみたいと期待をふくらませ、年長児の姿を憧れをもって見つめるようになるのでしょう。

2.2　豊かな生活体験——生活体験と遊びとの関係

　幼児期には、生活のなかで体験したことを反映させて遊ぶ姿が見られます。

事例4-3　「足湯っていうんだよ」

4歳児クラス／7月

　この日は、年中児たちが園庭に穴を掘り水を溜めていたところ、コウジくんが裸足になって足を入れてみたのをきっかけに「足湯ごっこ」が始まりました。一緒に遊んでいた子どもたちも、みんな裸足になりました。コウジくんは保育者に「足湯っていうんだよ、座って足だけ入れるの。ここに座れるようにしたいんだよね」と水の溜まった穴の周りを指さします。保育者は「シートを持ってきたら？」と伝え、コウジくんや周りの子どもたちは準備を始めました。シートの準備を終えると、コウジくんは「足湯やってまーす」と言いながら「靴はここで脱いで、靴下は靴の中に入れてね」と指さします。その様子を見ていた子どもたちが、どんどん足湯の周りに集まってきました。

　コウジくんには、家族旅行に行った際に足湯を試してみたところとても気持ちよかったという体験があったようです。穴を掘って水を溜めたところで、その場面を思い出したのでしょう。このように、生活のなかでの実体験が子どもの遊びに投影されることは、幼児期ではよく見られます。自身が体験したことを遊びを通して追体験すること（**延滞模倣**）は、頭のなかに場面をつくり出し、表現する、イメージを仲間と共有するなど、子どもの成長発達において重要な活動であると考えられています。

2.3　集まりでの振り返り──サークルタイムの事例

　幼児教育施設では、朝の会、帰りの会といわれているような集まりの時間、「**サークルタイム**」がよく行われます。このサークルタイムではどのような話（話し合い）がされているのでしょう。

　事例4-2、4-3の園では、このサークルタイムを「ミーティング」と呼んでいます。ミーティングでは、保育者が子どもたちに今日の活動について「○○ちゃんた

第4章　子どもの遊びと教育的意義　｜　067

ちはどこで遊んでたの？」「○○くんは何か調べてなかった？」などと声をかけ、皆で友達の話を聞いたり、子どもたち自身が話し合いたいことを決めて、お互いの意見を聞き合ったりしています。

章末のコラムの「宇宙ごっこ」も子どもたちから発案がありました。子どもたちは、自分がもっている宇宙のイメージをどんどん発信していきます。その声を聞き、さらに意見を引き出したり、その

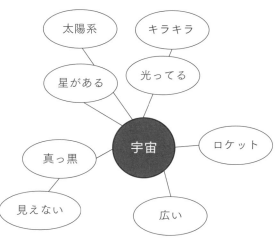

子どもたちの発言から描かれるウェブ図（イメージ）

意見を集約したりするファシリテーターの役割を担うのが保育者です。保育者は「光ってるって、なんでだろうね」と話をふくらませたり、「星があるというのは、宇宙には星が集まっているってこと？」と子どもたちが共通のイメージをもてるように言葉を補足したりします。この際、保育者は自分の考えを伝えるのではなく、子どもの発言を他児に伝えていくことに重点を置く必要があります。また、子どもたちの発言を図式化、可視化して活動の方向性が全体に伝わるような援助も大切です。

こうしたミーティングでの子どもたちの様子から、保育者は宇宙図鑑や絵本を保育室に置くなど、さらにイメージを共有しやすくする環境構成をします。さらに、コラムにあるように、地域の博物館や資料館に出かけていき、子どもたちの知りたい、調べてみたいという探求心をかき立てていくことも、遊びの質、学びの質を高めることにつながります。こうした活動の積み重ねが幼児期にふさわしい、遊びのなかに学びがある生活といえます。

本章であげた事例のように、保育者は子どもたちの様子を見ながら、どのような働

068 | 第Ⅰ部　幼児教育の基礎

きかけが必要なのか、この場面では自分はどのような立ち位置でいる必要があるのか
を瞬時に判断して行動しています。「化石ごっこ」では、遊びが発展するために場と
道具を準備し、「足湯ごっこ」では一人のイメージが周りの子どもたちに広がって共
有されていく過程を見守りながら、側面から援助をしています。

　サークルタイム（ミーティング）についても、保育者が子どもたちの遊びを把握し
たり、感想を尋ねたりするだけの時間にとどまりません。子どもたちが自分の考えを
表現したり、他者の考えに耳を傾けたりする機会であると同時に、こうした声を聴き
ながら、子どもたちそれぞれの遊びを通した学びに必要な環境構成や援助を考えてい
くのです。このように、絶えず保育者が実践と自己省察を繰り返していくこと、これ
こそが「今日の保育から明日の保育をつくる」ということなのでしょう。

3 ▶ 子どもの遊びを支える保育者

　幼児期は遊びを通して学ぶことを基本としているのですが、その際、保育者が子ど
もの姿を見取り、読み取ること、つまり**子ども理解**と援助が重要になります。津守真
は「子どもは、身体的行為によって、人生を探究している哲学者である。傍にある大
人は、その行為を自分に置きかえ、その意味を深めるとき、子どもの内奥の世界に応
答する者となる[7]」としています。哲学者である子どもの心の奥に応える、それをする
ためには、常に子どもの様子を観察し、記録し、振り返ることが重要になります。

　子どもたちは園生活のなかで実体験を重ね、その積み重ねが学びになっていきます。
自分が見つけた遊び、やりたい遊びに没頭するなかでさまざまな経験をし、試行錯誤
し、仲間と協同することの楽しさを味わいながら生きる力を培っていくのです。エリ
ス（M. J. Ellis）は「遊びあるいは非実用的行動を通して得ることができるのは、一般
的な問題解決のための構えである。動物は、解決が重要ではない問題状況に身をさら
すことによって、特定の生息環境において自分を悩ますことになりそうな種類の問題
を処理するための一連の戦略を発達させる[8]」と示しています。人間＝ホモ・ルーデン
ス（遊ぶ人）であり、遊びは人間の本能であるとされていますが、その遊びを通して
人間は**問題解決能力**を高めていくと考えることができるのでしょう。

　幼稚園、保育所、認定こども園では、子どもたちが共同生活を送りながら、身辺自
立、ものの使い方、他者との関わり合いといった生きるための基礎を学んでいきます。
友達が使っている環境や遊びに刺激を受け、それをきっかけに経験が深まることもあ
ります。おもしろそうな遊びをしている集団の傍らで、ただそれを見ていることだけ

でも、子どものなかには学びの芽が育まれますが、保育者がモデルになったり適切な援助をしたりすることによって、子ども自身がその集団に入るためにはどうしたらよいのかを考え、その手続きについて試行錯誤する姿も見られるようになるでしょう。このように、日々の子どもの姿を把握し、今この目の前の子どもにはどんな経験が必要なのかを考え、今後の活動を計画していくことが重要になります。

　幼児教育施設は小学校以降の学習に向かうための準備の場ではなく、体験のなかで失敗と成功を繰り返し、心の発達や物事を多面的に見る力、社会性といった、いわゆる**非認知的スキル**を身につけ、高めていく場であるといえます。保育者の役割とは、子ども一人一人の個性や発達の段階を理解し、この目に見えない、数字では測れない力を育むために、空間・時間・仲間といった環境を用意することでその道筋を示し、子どもたちが無理なく学びに向かうための援助をすることだといえます。

注

1）文部科学省『幼稚園教育要領解説』フレーベル館、2018、p.14

2）同上、p.24

3）ホイジンガ／高橋英夫訳『ホモ・ルーデンス』中央公論新社、1973

4）ロジェ・カイヨワ／多田道太郎・塚崎幹夫訳『遊びと人間』講談社、1973、p.81

5）小川博久『保育援助論』生活ジャーナル、2000、p.198

6）倉橋惣三『幼稚園真諦』フレーベル館、2008、p.29

7）津守 真『保育者の地平―私的体験から普遍に向けて』ミネルヴァ書房、1997、p.96

8）マイケル・J・エリス／森 楙・大塚忠剛・田中亨胤訳『人間はなぜ遊ぶか―遊びの総合理論』（心理学選書2）、黎明書房、2000、p.150

参考文献

小川博久『遊び保育論』萌文書林、2010

高櫻綾子・請川滋大編著『子どもの育ちを支える発達心理学』朝倉書店、2013

外山紀子・安藤智子・本山方子編『生活のなかの発達―現場主義の発達心理学』新曜社、2019

Column

認定こども園北見北光幼稚園
（北海道・北見市）

　ひまわり組の子どもたちが、室内で光を使ったプラネタリウムごっこに取り組んでいます。クラスのミーティングで「アトリエを宇宙にしたい」という提案が出てきました。

　ミーティングでは、子どもたちがもっている「宇宙」のイメージを引き出していきます。「光っている」「星がある」などの大まかなイメージを具体化するために、保育者が図鑑や絵本を提示して一緒に調べました。さらに、イメージを共有するために、写真を提示したり宇宙の絵を描いたりします。こうして具体的なイメージをみんなで共有してから、グループごとに太陽系の星を作っていきます。出来上がると、今度は太陽系の星の順番を図鑑で調べて、アトリエに飾りました。

　また、宇宙からイメージするものを自由に作れるように、アルミ皿や紙コップ、モールなどの素材を用意しておきました。子どもたちは好きな素材を手に取って、仲間と相談しながら、それぞれイメージしている宇宙人やロケットを作っていきます。出来上がったものは、子どもたちと相談しながら場所を決めてアトリエに飾ります。

　帰りのミーティングは、宇宙になっていくアトリエで行います。実際に作ったものを見ながら振り返りをすることで、子どもたちのイメージがより具体化し、次の遊びのイメージがしやすくなり、今後の遊びの共通理解をすることができます。これから作りたいものはホワイトボードに記載しておきます。自由遊びの時間になると、子どもたちは作るものを仲間と一緒に確認しながらまた作っていきます。

　後日、みんなで北網圏北見文化センターに見学に行きました。センターには科学館や博物館があり、宇宙の仕組みや化石などについて幅広く学ぶことができます。子どもたちは自分が興味のあるコーナーへ行って遊びます。園に帰ってからは、化石ごっこ（p.64参照）と宇宙ごっこを融合させて、自分たちの「北網圏北見文化センター」を作る遊びに発展しました。こうした経験が遊びの発展につながり、主体的に遊びを進めていくことや、遊びを深めていくきっかけとなりました。

　卒園前には、自分たちで作った文化センターに年少児・年中児を招待して遊びに来てもらいました。化石博物館の見学や、宇宙服を着て宇宙探検をすることができます。3か月間、継続的に取り組んできた経験が、子どもたちの主体性や協調性を育てたと思います。
（学校法人北見光華学園 認定こども園北見北光幼稚園 吉田耕一郎・谷口千尋）

第5章
諸外国の取り組みから新時代の幼児教育を考える

　ここまで、日本の幼児教育についてその制度や社会的状況、そして歴史的な背景という視点から考えてきました。日本の園で共同体を大切にし、集団で活動することに価値を見いだしてきた背景には、村落共同体の伝統などの文化があることが想像できるところです。さて本章では、諸外国の幼児教育について見ながら、それらがどのような背景をもとに築かれたものなのか、そしてそういった実践が日本の実践に対し示唆することは何か考えてみます。

1 ▶ レッジョ・エミリアの幼児教育

1.1　自治体独自の教育

　レッジョ・エミリア（Reggio Emilia）というのはイタリア北部にある街の名前です。イタリアといえばマリア・モンテッソーリ（M. Montessori）が生まれた国であり、**モンテッソーリ教育**やその実践の場である**子どもの家**（casa dei bambini）がよく知られていますが、このレッジョ・エミリアで実践されている幼児教育もとても魅力的なもので、世界中の保育・幼児教育関係者から注目を浴びています。

　イタリアにはコムーネ（comune）と呼ばれる最も基本となる自治体があります。イタリアの教育はこの自治体の責任で実施することが認められており、自治体ごとに特色のある教育が行われています。レッジョ・エミリアはその自治体の一つで、日本でいうと市町村に該当するものです。人口17万人ほどの街で行われている幼児教育が、世界的に注目を浴び、各国から多くの視察者が訪れているというのは驚くべきことで

072 | 第Ⅰ部　幼児教育の基礎

す。

1.2　実践の特徴と歴史的背景

　レッジョ・エミリアの幼児教育のキーワードはといえば、「**プロジェクト**」「**アトリエ**」「**ドキュメンテーション**」といえるでしょう。

　プロジェクトまたはプロジェクト活動というのは、あるテーマに基づいて行われる教育活動の中心になるものです。テーマに基づいた活動というと、日本だと、行事の本番に向けて数日から数週間かけて取り組むものといったイメージをもつかもしれませんが、レッジョのプロジェクトはそういった期間のものではなく、数か月から1年といった長期間にわたって取り組むものが多くあります。そのため、プロジェクトのテーマも「光」「色」「雨」など抽象的なものであり、それについて教師と子どもたちが話し合うところから始まります。

　ある本に「影」というテーマで教師と子どもたちがやりとりしている場面が描かれています。

　　先生：影を追い払うことってできるのかしら？
　　その子の影を見えなくするのには、その子がどこかにいなくなっちゃえばいいん
　　　　だよ。
　　小石をたくさん、うんとたくさん、かぶせちゃえ。
　　影はどうしても隠れないよ。
　　じゃあ、シーツで隠したらどう？　持って来ようよ。
　　隠れないよ。ぼくの影はここにあるし、ヴェロニカのもあるよ。[1]

　子どもたちを深い思考の世界へいざなうためには、問いかけ方や子どもの言葉の受けとめ方などはとても重要です。こういった学びを支えているのが実践力の高い教師です。レッジョの教育活動において教育を主導する役割の人を**ペダゴジスタ**（pedagogista）といいます。先のような抽象的で答えにくそうなテーマでも、教師（保育者）と子どもたちの自由なやりとりのなかでさまざまな発想が生まれてきます。そこで出てきた発想をもとに、実際に試してみたり、何かを作ってみたりと学びはさらに進んでいくのです。

　日本の場合、いかに上手に知識を伝えるか、技術を教えるかという視点で教師の力量をはかる傾向がありますが、ペダゴジスタはいかにして子どもたちがテーマに興味

第5章　諸外国の取り組みから新時代の幼児教育を考える　|　073

をもてるよう話を深められるか、子どもの独創的な発想を引き出すかを重視します。つまり、子どもたちと向き合う教師に求められてきたものが異なるということです。

　また、レッジョの幼児学校には**アトリエリスタ**（atelierista）という芸術を学んだ専門家も存在します。アトリエリスタを日本語にすると、芸術士や芸術教師となります。幼児学校の入り口近くにはさまざまな人と出会うためのピアッツァ（広場）があり、そこにつながるかたちでアトリエも用意されています。このアトリエでの活動を任されているのがアトリエリスタであり、教師とは違った発想で子どもたちと関わっています。以下の事例は、筆者が日本でレッジョの教育を取り入れた園を見学したときの話です。

事例5-1　保育者とは異なる視点で

　こちらの園は入り口近くにアトリエがあり、美術を学んだアトリエリスタが配置されています。この日は年長児がアトリエで活動をしており、アトリエにはさまざまな素材が用意してあります。アトリエリスタは、それらを使って何か特定のものを作ることを指示するのではなく、まずは素材に触れてみるよう促していました。そして、素材に触れてどんな感じを受けたかを子どもたちに尋ねています。サテンのような生地に触れた子どもは、「サラサラしている」「すべすべ」「気持ちいい」など多様な言葉でその感触を表現しています。

　アトリエにはどんな素材があって、それをどう活用できるのか。この実践を通して、子どもたちはゆっくり素材に親しみ、頭の中には素材のイメージや「何に使えるか」というアイディアが浮かび、それが今後の活動への布石となっていきます。こういった素材の提示の仕方やそれらの活用の仕方は、以前から大切だと考えられていながらも、成果を急ぐ園だと保育者と子どもたちがじっくり素材の感触を味わう時間は省かれてしまいます。

レッジョの教育実践の背景には、レッジョ・エミリアという町の歴史と、教育活動の精神的支柱となったローリス・マラグッツィ（L. Malaguzzi）の哲学があります。イタリアは第2次世界大戦中、ファシストの嵐が吹き荒れた国です。敗戦後、荒廃した町の再興が各地で始まりました。数ある町のなかでもレッジョ・エミリアはレジスタンス運動が強く、自分たちの手で町を作り上げることに力を入れてきた歴史があります[2]。イタリアでは、伝統的にカトリックの考え方に基づく幼児教育が中心でしたが、レッジョ・エミリアはそこから距離を置き、幼児期から自分たちの考えをもてるような子どもに育てていくために、大人と子どもがともに活動するなかで何かを学んでいくような独自の幼児教育の思想・方法を形成していきました。学びの結果よりも過程を大切にするレッジョの幼児学校では、写真などさまざまな素材を用いて子どもの活動を記録した「ドキュメンテーション」が活用されています。

このレッジョに市立幼児学校がつくられたのは1963年のことですが、それ以前からローリス・マラグッツィは学校づくりに関わってきました。1920年にイタリアで生まれたマラグッツィは、ピアジェやブルーナーなどの思想に多くを学び自らの教育観を築き上げてきました。マラグッツィの有名な言葉に「子どもには100の言葉がある　けれど99は奪われる」というものがあります。ここでいう「言葉」とは、声や文字として発する言語に限らず、身体などを用いてさまざまに表現されるものすべてを含んでいます。子どもは多様な表現法を使って言葉を伝えているが、多くの言葉は大人によって奪われている。私たち幼児教育に携わる者は、改めてこの点について考えてみなければなりません。

2 ▶ スウェーデンの幼児教育

皆さんはスウェーデンという国にどういうイメージをもっていますか。国土は日本の約1.2倍ありますが、そのほとんどは森林地帯です。一方、人口は日本の10分の1にすぎません。自動車メーカーのボルボやスマートフォンを作っているエリクソンなど、世界的に有名な企業が複数ある技術立国でもあります。家具量販店のIKEAや、ファッションブランドのH&Mなども皆さんにとって身近なスウェーデンかもしれません。

現在は先進国のスウェーデンですが、寒冷な気候のために収穫できる農作物も限られ、もともとは貧しい農業国でした。それもつい100年ほど前の話です。そのような国がなぜ世界有数の企業を抱える先進国へと発展したのでしょうか。その背景には民

第5章　諸外国の取り組みから新時代の幼児教育を考える　|　075

主主義を大切にする国の風潮と、それに支えられた教育観があるのです。

2.1　民主主義と教育

　スウェーデンでは、1970年代に幼稚園と保育所を一つにするという幼保一元化の政策が進められ、現在では幼稚園と保育所という区別はなくなりすべてが就学前学校（Förskola）という施設になりました。日本の認定こども園は当初、文部科学省（幼稚園を管轄）や厚生労働省（当時保育所を管轄）ではなく、新たに内閣府の下に置かれました（現在はこども家庭庁）が、スウェーデンの就学前学校は教育省の管轄下に置かれたのも特徴的です。幼児期からの一貫した教育の体制を整えていくという態勢が明確です。

　以前、筆者がスウェーデンで複数の就学前学校を訪問した際に、**民主主義**（英語でdemocracy）という言葉を何度も聞きました。自らの園の教育理念や実践を説明する際、民主主義という言葉を多用することは、日本ではあまりないでしょう。しかし、スウェーデンで幼児教育を語る際には民主主義、デモクラシーという言葉は欠かせないのです。そこにスウェーデンの国民性や教育観が表れているといえます。

　では民主主義を土台にする幼児教育とはどういうことでしょうか。それは、誰か一人が決めたり一方的に指示したりするのではなく、皆で考え、皆でつくっていくということなのだと理解できます。一方、民主主義の対義語は「独裁」といえるでしょう。特定の人の意見でさまざまなことが決められてしまうのはまさに独裁です。

　次の事例は、スウェーデンの就学前学校での一場面です。

事例5−2　**自分たちのことは自分たちで決める**

　A先生は、老朽化した遊具を撤去するかどうか迷っていました。A先生は子どもたちに問いかけます。「園庭にある遊具が古くなって壊れそうなの。もしみんなが遊んでいるときに壊れたら危ないから、あの遊具はなくして新しい遊具にしようかと思うのだけど、みんなの気持ちはどうかな？」。すると、「いいよ」という子どももいれば、「直して使いたい」という子どももいます。

　そこでA先生は「新しい遊具にする」「直して使う」という2つの投票箱を用意しました。子どもたち全員が1個ずつボールを持って、自分の思う方の投票箱に入れていきます。その結果「直して使う」という意見が多かったので、園庭の遊具は色を塗り替え、修理をして使うことにしました。

---

076 | 第Ⅰ部 幼児教育の基礎

　民主主義の基本は、こういった経験の積み重ねにあるのではないでしょうか。自分たちのことは自分たちで決める、それが**民主主義教育**（主権者教育）の基本です。地域や国のことは誰かに任せておけばよいと考えるのではなく、自分たちが決めていくという態度を身につけておかないと、政治や選挙への興味も湧かないでしょう。まずは身近な問題について、それらはすべて自分たちの生活に関係していて、自分の判断が結果に影響を及ぼすのだと知ることです。それを幼児期の子どもたちにも感じてもらうためには、まずそれぞれの選択をしたときのメリットとデメリットを示したうえで、子どもが自ら考え選択する機会をつくるのがよいでしょう。このような経験を幼児期から重ねていく意義を、保育者が認識しておくことが必要です。

2.2　スウェーデンの保育改革と実践の特徴

　スウェーデンの保育改革がどのように進められてきたのか、ここではその流れを概観していきます。スウェーデンでは1960年代に労働力不足が起こり、多くの女性が働きに出るようになりました。結果として保育所が不足し、対策の一環として、保育所と幼稚園を一つの施設とする就学前の教育に関する法律が1975年に制定されています。この施設が就学前学校（Förskola、英語ではPreschool）となり、**幼保一元化**が実現することになりました。当時の就学前学校は社会省の下に置かれ、社会福祉施設の一つとして位置付けられていました。それが1996年には教育省へ移管され、現在に至ります。1998年には国レベルの就学前学校カリキュラム（ナショナル・カリキュラム）が策定され（Lpfö98）、2010年にはLpfö98を大綱化するようなかたちで改定版のLpfö2010が出されています。2010年の改定では評価の項目が新たに加えられ、言語や数的能力、環境への関心なども、幼児期の知的発達の目指すべきところとして記されました。この改定にはOECDが行うPISAの結果も影響しているのではないかと考えられます。

　さて、スウェーデンの幼児教育の特徴といえば、伝統的に「テーマ活動」を大切にしてきたところと、前節で記したレッジョ・エミリアの幼児教育に刺激を受け就学前学校の教育を形づくってきたところにあります。レッジョで「プロジェクト活動」と呼ばれる大きなテーマに基づいた活動や、それらの過程を記録し保護者等と共有する**教育学的ドキュメンテーション**（pedagogical documentation）を、スウェーデンの園でも重視しています。その根底には先述した民主主義の考え方があり、子ども自らが活動を選択することを重視し、そこにどういった学びがあるのかということを教育学的ドキュメンテーションで可視化していくわけです。こういった民主主義の考え方を重

視する保育観や、レッジョのアプローチを取り入れた背景には、エレン・ケイ(E. Key)が活躍した国スウェーデンだからこそということもあるのでしょう。

3 ▶ ニュージーランドの幼児教育

　ニュージーランドの幼児教育にも、日本にとって参考になることが多くあります。ここではニュージーランドの教育制度の概要にふれながら、実践においてどういった点が参考になるのか説明していきます。

3.1　幼保一元化と幼児教育の無償化

　ニュージーランドも、かつては保育所と幼稚園が就学前の保育・教育を担ってきました。しかし幼稚園は無償なのに対して保育所は有償で、幼稚園でも保育料を徴収する場合は保育所とみなされていました。また、幼稚園は午前と午後の部に分かれ(セッション型)、どちらか一方の幼児教育しか受けることができませんでした。

　1980年代に入って幼稚園と保育所を一元化する議論が盛んになり、1986年に幼保一元化が実現します。これは他の国々と比べても、とても早い実現だったといえます。ただ、一元化とはいえ保育・幼児教育施設がすべて幼稚園になったわけではなく、日本の保育所に近い教育・保育センター(Education and Care Centre)や、マオリの人々の文化や言葉を大切にしながら教育・保育を行っている**コハンガ・レオ**(Te Kōhanga Reo)、さらにニュージーランドに特徴的な、施設とともに保護者が中心になって保育を行う**プレイセンター**(Playcentre)も存在します。これらがすべて教育省の下に置かれるようになりました。また一元化のなかで、子どもたちを指導する者には幼児教育の免許が必要になったことなどもその特徴です。2007年からは週に20時間の幼児教育無償化が始まり、保護者の経済的負担は大幅に軽減されました。

　この20時間無償の制度では、複数の園に通ったとしても週に合計20時間以内であれば無償化の対象になります(例えば幼稚園に週3日通い、あとの2日は保護者と一緒にプレイセンターへ通うなど)。

20時間無償のステッカー

3.2 テ・ファリキの理念

テ・ファリキ（Te Whāriki）とは、ニュージーランドにおける幼児教育の統一カリキュラムです。このテ・ファリキという言葉は、ニュージーランドの原住民マオリ族の言語で、たて糸とよこ糸で編んだ「敷物」という意味があります。テ・ファリキにはマオリの考え方と、イギリスを中心としたヨーロッパからの移民の考え方が織り込まれており、そのような意味からも敷物

ラーニング・ストーリーの例

という言葉を用いているのです。テ・ファリキが記された冊子は英語だけでなくマオリ語でも書かれており、**多文化共生**の理念がその記載の仕方にも表れています。

テ・ファリキには、4つの原則（Principles）と5つの要素（Strands）があります（表5-1）。

これらの原則と要素は、幼児教育の大前提として常に意識されています。教師が実践する際には4つの原則が念頭に置かれ、子どもたちの学びの記録である**ラーニング・ストーリー**を記す際には、5つの要素が子どもの活動のなかにどう見られたかなど意識的に記していきます。

一方、日本の幼稚園教育要領などには5つの領域や「幼児期の終わりまでに育ってほしい姿」（10の姿）、「育みたい資質・能力」（3つの柱）が示されています。保育者はこれらを総合的に理解し、実践の質を高めていくことが求められます。

表5-1　テ・ファリキの原則と要素

4つの原則	エンパワメント（Empowerment）―成長する力を支えられての学び 全体的な発達（Holistic Development）―人間としての全体的な育ち 家族とコミュニティ（Family and Community）―家族やコミュニティからの学び 関係性（Relationships）―さまざまな人や場所、物との関わりからの学び
5つの要素	Well-being―健康・幸福 Belongings―所属感 Contribution―社会貢献 Communication―コミュニケーション Exploration―探求

出所：ニュージーランドの教育省ウェブサイト

3.3 質の向上を目指すための評価

　ニュージーランドでは、子どもの学びを保障するために、いま子どもたちが何に熱中しているのか、何を学んでいるのかを評価するツールとして先述のラーニング・ストーリーが活用されています。ここでいう評価とは、子どもが学んでいる過程を把握するための**形成的アセスメント**（Formative Assessment）です。数値やチェックリストなどで到達度を測るのではなく、子どもが遊びや活動に取り組んでいる様子をエピソード形式で記すものです。写真が効果的に使われているため、保護者や子どもたちとも共有することができます。また、ラーニング・ストーリーを記すために、ストーリーパーク（Story Park）やエデュカ（Educa）といったウェブ上のシステムが開発されており、多くの保育者がこのような支援システムを活用しています。

　さらに教育の質を保障するため、ニュージーランドにはERO（Education Review Office）という**評価機関**があり、国内の園や学校の質を評価しています。結果はEROのウェブサイトで公開されており、総合的な評価に加えて、在籍する子どもの人数、男女比、民族別の人数、資格をもつ教師の割合などもデータとして示されているので、保護者が園選びをする際の大きな指針となっています。こういった評価機関はイギリス（Ofsted）、オーストラリア（NCAC）などにもあり、同じように外部機関が各園の教育の質評価を行っています。

4 ▶ 諸外国の幼児教育から学べることと 日本の幼児教育の特徴

　この章では3つの国の幼児教育を紹介してきました。これらの国の取り組みから学べることは何でしょうか。今後の日本の幼児教育に必要な視点を考えていきます。

4.1 多様性（diversity）を認める

　私たちの国には実にさまざまな人種、民族、国籍の人たちが住んでいます。その事実が、園の環境にも反映され、多様になっていた方が、子どもたちにとって多くの学びがあるはずです。

　スウェーデンの就学前学校では、赤ちゃん人形の肌の色がさまざまであることに驚かされました。また、別の就学前学校では、多様な家族像を示すイラストが壁に貼ってありました。父親と母親と子どもといった家族の姿だけでなく、祖父母から孫までが一緒に住んでいるような三世代家族、シングルマザー・シングルファザーと子どもからなる家族、同性婚と思われる家族も描かれていました。こういったところにも、

肌の色がさまざまな赤ちゃん人形　　　　　　多様な家族像のイラスト

社会を構成する人々や家族の多様性を伝えるための園側の思いが見て取れます。

　その点、日本はどうでしょうか。**多様性**を認めようという考えが少しずつ広がってきているものの、就学前の子どもたちに伝えようとする取り組みはさほど多くありません。多様性を互いに受け入れる土台は、大人になってからよりも、乳幼児期の生活を通して築いた方がよいはずです。私たちが何を「当たり前」と捉えるかということは、幼少期からの経験（どういったモノや考え方に接してきたか）に左右されるからです。さまざまな人がともに暮らしていくという**共生社会**を、園生活のなかで育むことはとても重要なことです。

　ニュージーランドの園では、移民であるイギリスを中心とした人たちの文化も、古くからニュージーランドに住んでいるマオリの言葉や文化も、太平洋の島々やアジアからの移民の言葉や行事も大切にされている様子が垣間見えました。ある園では中国から移住してきた子どもたちの文化を知るために、漢字にふれたり、中国のお正月を体験する活動を行っていました。多数派の文化だけではなく、少数派の文化や言葉を知っていこうとする実践が魅力的だと筆者は感じます。日本では、例えば各国からの移民の文化や言葉、アイヌや琉球などの文化や言葉を大切にするために、どのような実践ができるでしょうか。諸外国の実践を知り、改めて日本における「多様性」の捉え方や、園における実践のあり方について考えてほしいと思います。

4.2　保育者の働き方

　スウェーデンやニュージーランドの園を訪問すると、保育者が余裕をもって、楽しんで仕事をしている姿が印象に残ります。保育者1人あたりの子どもの数が少ないためか、とてもゆったりした雰囲気に見えます。日本での保育者の配置基準を海外の園で伝えると、「日本の先生は、それだけ多くの子どもたちをよく1人で見られます

ね」とたいへん驚かれます。日本で働く保育者のなかにも、１クラスの子どもの人数がこれほど多くなければ、一人一人をもっと丁寧に見ていけるのにと考える人がいるでしょう。この人数比は法律で定められていますが、この配置基準は上限ですので、規定よりも少ない数で１クラスをつくることも可能です。実際にそのようなケースも多く、例えば１人担任ではなく１クラスを２人の保育者で見ている園もあります。とはいえ、１人の教師に対する園児の数を国際比較すると、日本は余裕ある配置基準とはいえません。[8]

　上記のような実態のために、保育者一人あたりの仕事はとても多くなります。実践をよりよくしていくためには、日々の記録をまとめたり、それをもとに保育者同士が話し合ったりする時間が必要ですが、保育時間が長時間化する傾向にある昨今では十分な時間がとれないという現状があります。保育所等では、子どもたちの午睡を見ながら記録をまとめたり、小声で話し合ったりすることもありますが、本来は集中して取り組むべきことですので、しっかりと時間を確保したいものです。このような、勤務時間中に子どもと離れて事務仕事をするための時間を**ノンコンタクトタイム**（non-contact time）といいます（第８章参照）。

　ニュージーランドの幼稚園では、教師のシフト表を見せてもらいました。毎日のシフト内に「NC」、つまりノンコンタクトタイムが記されています。曜日によって確保できる時間は異なりますが、それでも毎日、休憩時間とは別途ノンコンタクトタイムが確保されていたのです。その時間を使ってラーニング・ストーリーを書いたりしているということでした。

　日本でも毎日の業務時間内にノンコンタクトタイムを設けている園が出てきました。今後、このような取り組みが当たり前になっていくことを期待しています。

4.3　協同性を大切にする文化

　最後に、日本特有の保育・幼児教育の文化について記しておきます。諸外国の実践から学ぶことも多々ありますが、一方で、日本が元来大切にしていることも存在します。それは、「幼児期の終わりまでに育ってほしい姿」の一つにもなっている**「協同性」**に反映されています。具体的には、皆で協力しながらともに何かをやり遂げるということです。

　先述したように、スウェーデンなど北欧の国々では、子どもたちがやりたくないことを無理にさせるということはありません。園で生活する子どもたちのなかにそれぞれ考えがあり、そのいろいろな考えを互いに表したうえで折り合いをつけていくこと

082 | 第Ⅰ部　幼児教育の基礎

が、民主主義の基本となっています。

　一方、日本では、就学前の段階から集団を大切にする傾向が強いでしょう。また、園行事には集団で取り組むものがたくさんあります。例えば運動会には、個人で競うものだけでなく、クラス全体で力を合わせて取り組む競技も含まれます。友達の競技中に皆で応援するということにも価値が置かれています。そして、保育者は勝ったチームを称えつつ負けたチームもねぎらい、「皆が力を合わせてがんばっていた」ことや「一所懸命応援をしていた」点を評価するでしょう。こういうことが日常的に行われているので、**隠れたカリキュラム**として「皆で協力すること」や「周りの人を助けること」が大切なのだということが自然と子どもたちへ伝わっていきます。ただしこういった皆で協力することを大切にする価値観は二面性をはらんでおり、「協同性」を育むための大きな基盤になっている一方で、協力しない者を排除するという負の側面もあることを踏まえておきましょう。

　集団での遊びのなかで、子どもたちはお互いの考えの違いをすり合わせながら、あるゴールへ向かって協力しながら進めています。これは保育者など大人に指示されて行うものではなく、子どもたちがやりたいと思ってやっている自発的な行動です。自発的な活動を柱に協同性を高めていくというやり方は、日本の幼児教育にとって非常に重要な点となっています。しかし、自分たちで始めたからといっても、皆が最初から同じゴールをイメージできているわけではないので、保育者の援助を支えとして、子どもたちで話し合ったり相談したりすることが必要になってきます。保育者は目の前の子どもたちの遊びをただ見守るだけでなく、その遊びがどう展開するのか、遊びのなかで何が育っているのかを考え、適切な援助をすることが求められる所以がそこにあります。

注

1）レッジョ・チルドレン／ワタリウム美術館企画・編集／田辺敬子ほか訳『子どもたちの100の言葉―レッジョ・エミリアの幼児教育実践記録』日東書院本社、2012、pp.182-183

2）同上、p.13

3）大野 歩「スウェーデンの保育改革にみる就学前教育の動向―保育制度と「福祉国家」としてのヴィジョンとの関係から」『保育学研究』53（2）、2015、pp.220-235

4）太田素子「レッジョ・インスピレーションとスウェーデンの幼児教育」『和光大学現代人間学部紀要』10、2017、pp.59-75

第5章　諸外国の取り組みから新時代の幼児教育を考える　｜　083

5）現在は多くの国で国際学力比較テスト（PISA）が実施されています。スウェーデンで
　　はPISAの結果が低下傾向であることを受けて、このような評価項目を加えたと考え
　　られます。

6）「児童中心主義」を唱えたスウェーデンの教育学者・思想家。主著に『児童の世紀』
　　など。

7）飯野祐樹「ニュージーランドの就学前教育システム」七木田 敦・ジュディス・ダン
　　カン編著『「子育て先進国」ニュージーランドの保育』福村出版、2015、pp.84-85

8）OECD編著／星 三和子ほか訳『OECD保育白書—人生の始まりこそ力強く：乳幼児
　　期の教育とケア（ECEC）の国際比較』明石書店、2011

参考文献

マーガレット・カー／大宮勇雄・鈴木佐喜子訳『保育の場で子どもの学びをアセスメン
　　トする』ひとなる書房、2013

マーガレット・カー、ウェンディ・リー／大宮勇雄・鈴木佐喜子訳『学び手はいかにア
　　イデンティティを構築していくか—保幼小におけるアセスメント実践「学びの物
　　語」』ひとなる書房、2020

川崎一彦ほか『みんなの教育—スウェーデンの「人を育てる」国家戦略』ミツイパブリ
　　ッシング、2016

猶原和子「大人も子どもも市民として育つ環境をつくる—レッジョエミリア市の実践か
　　らの示唆」『江戸川大学こどもコミュニケーション研究紀要』1、2018、pp.25-35

幼保連携型認定こども園アルテ子どもと木幼保園
（東京都・中野区）

　イタリアのレッジョ・エミリアの乳幼児教育は、「子どもは能力がある」という理念を基に、子どもの"言葉"に耳を傾け、一市民として尊重されるべき存在として教育の実践が展開されています。とりわけ環境を重視し、創造性を引き出す表現活動や対話を大切にしたプロジェクト活動は特徴的で、そのプロセスを記録したドキュメンテーションといった手法はとても興味深いものでした。

　歴史や文化の違いがある日本で、できることをやってみようと、まずは子どもをよく観察し、その姿を記録することから始めました。それまで見えていなかった子どもの発見や学びに気づくようになり、記録を共有することで職員の保育観も近づいていきました。そうしたなか、少人数でのプロジェクト型の活動にも少しずつ取り組み、子どもたちがどのような考えで進めていったのか、その試行錯誤の様子もすべて伝えるように意識していったのです。

　アルテ子どもと木幼保園では、さまざまな刺激から感性を育むことを大切にし、子どもへ語りかける環境を意図的に用意しています。その一つがアトリエです。子どもたちの発想を形にしていく空間で、協同的かつ継続的な活動が可能です。子どもたちが主体的に取り組み、対話しながら深い学びを生み出していきます。子どもの気づきや発見を子どもの言葉として表現活動へつなげ、過程と共に発信することで子ども理解を深めます。保護者や地域へ開かれた園としての象徴的な活動でもあります。その役割の中心を担うのが、芸術の専任職員として在籍しているアトリエリスタです。素材研究や環境設定はもちろん、子どもの興味や関心に高くアンテナを張り、イメージを形にする過程での発想や工夫、試行錯誤や葛藤を可視化していきます。

　目先の成果にとらわれず、集団生活のなかで環境から学び、対話の経験を積み重ねていくことで、新しい何かを生み出すことができると考えています。そうした取り組みを年1回のアート展で公開し、保護者や地域、子どもに携わる人々へ発信しています。乳児は、遊びのなかでさまざまな素材や自然物に触れ、ものとの対話で感じたままを表現したプロセスそのものを作品として展示します。当日は親子で楽しめるワークショップ形式の造形も取り入れています。

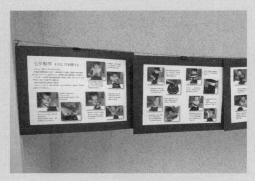

　ひとつの価値観にとらわれない独創的な発想で、未来を切り拓いていく思考力や創造力を子ども時代から鍛え、現代社会の中で多様な価値観に柔軟に対応する力を養っていってほしいと願っています。

（社会福祉法人種の会 幼保連携型認定こども園アルテ子どもと木幼保園 山田寿江）

第6章
環境を通して行う教育の理論と方法

1 ▶ 環境を通して行う教育とは

　幼稚園教育要領では、幼児期の教育は「幼児期の特性を踏まえ、環境を通して行うものであることを基本とする」（第1章−第1）とされています。この章では、幼児期の教育に重要な**「環境」**の意味と、環境のあり方について考えていきましょう。

1.1　身の回りの「環境」

　皆さんは普段「環境」という言葉にどこで出会いますか。例えば「自然環境」「環境保護」「環境汚染」など、動植物や山、海といった自然に関する話題で見聞きするのではないかと思います。日常会話ではどうでしょうか。例えば「幼い頃の家庭環境は、祖父母を含めた5人家族でした」「親戚に教師が多い環境だったので、自然と教師を志すようになりました」など、周囲をとりまく人たちとの生活を指して、環境と表現するときがあります。

　辞書上の「環境」は、「そのものをとりまく外界（それと関係があり、それになんらかの影響を与えるものとして見た場合に言う[1]）」とされ、より広範な意味として説明されています。辞書の指す「そのもの」を園にいる「子ども」と考えると、幼稚園における環境とは、子どもに関係があり、子どもに何らかの影響を与える存在を指すといえます。

086 | 第Ⅰ部　幼児教育の基礎

1.2　子どもにとっての「環境」

　幼稚園教育の「環境」と聞くと、5領域の一つである「環境」が思い浮かぶかもしれませんが、5領域の環境は、動植物や数・図形、地域社会など子どもの身近な環境との関わりを指しており、環境を通して行う教育というときの環境と、5領域の環境では意味が異なります。

　園では保育室や園庭に限らず、生活で使うすべての場が学びの場となります。足し算や漢字など、学ぶべきことが明確に定められているのではなく、また大人が子どもに「これを覚えましょう」と決めて指示をすることもありません。子どもは周囲の人々、生き物、乗り物、生活の道具、伝統行事、空や川、空気、音や色など、自分をとりまくすべての存在とふれ合い、関わりを重ねるなかで、自分なりに感じたり気づいたりしながら人間としての根っこを伸ばし、心と体を豊かにしていくのです。そして保育者は、子どもがより自己を充実させて豊かに生活できるように、間接的に彼らを支え、いざなう役目を担っています。

　では、園生活のなかで子どもをとりまく「環境」には、具体的にどのようなものがあるでしょう。4歳児クラスの事例から、想像力を働かせて環境を探してみましょう。

事例6-1　ヒナちゃんをとりまく環境

4歳児クラス／6月

　クラスで育てていた幼虫がサナギになり羽化しました。「何が生まれるのかな？」「蛾かもしれないってパパが言ってた」と、クラスの子どもたちがいつも眺めていたサナギから現れたのは黒いチョウでした。

　そこへヒナちゃんが登園してきました。朝の身支度を進めていると、クラスの子どもや担任保育者の「チョウだね」というおしゃべりが聞こえてきました。皆が飼育ケースをのぞきこむ様子も目に飛び込んできます。ヒナちゃんはサナギがチョウになったという新しい出来事に気がつきました。

　子どもたちが各々に遊び始めると、担任は飼育ケースを保育室の机に置き、チョウに与える花の蜜を探す子どもたちとともに園庭へ出ていきました。[2] 身支度を済ませたヒナちゃんは、飼育ケースに近付き黒いチョウをのぞき込みます。真っ黒なチョウはいつも見るモンシロチョウと違い、ヒナちゃんにとっては初めて出会う生き物です。ケースのプラスチック板越しでは少々見にくく、ケースを持ち上げて四方八方から眺めてみたり、飼育ケースのフタ側や底側か

らのぞき込んだりしていました。珍しいチョウへの興味はどんどん高まってきます。ついにヒナちゃんはそっとケースのフタをあけ、チョウに手を伸ばしました。羽を指で挟み、静かに持ち上げてもチョウはじっとしています。

　するとそこへ、花の蜜探しから戻ってきたユウタくんがヒナちゃんに近づいてきました。ユウタくんは、チョウを持ち上げるヒナちゃんを見て「チョウね、羽持つと弱っちゃうんだよ」とさりげなく声をかけます。ヒナちゃんは、「そうなんだ！」と言いたげな驚いた表情で、静かにチョウをケースに戻しました。

1.3　物的環境

　園の環境をいくつかに分けてみると、まず**物的環境**があります。物的環境とは文字どおり「物」に関する環境を指します。園舎、保育室、園庭の固定遊具、樹木のような簡単には動かせないものから、机、椅子、花びんや飼育ケースといった目的によって動かすことも可能なもの、そして折り紙、はさみ、積み木、ままごと台といった遊びに使うものまで、さまざまな物が物的環境であるといえます。

　ここで事例6−1の物的環境について考えると、あることに気づくのではないでしょうか。物的環境はヒナちゃんが通う園舎、保育室、飼育ケース、砂場、そのくらいでしょうか。「想像力を働かせて探す」という読み方で、彼女の登園直後の身支度を具体的に想像してみましょう。

　ヒナちゃんの身支度は、園指定の服装に着替えることかもしれません。園で使うコップを所定の場所にかけることかもしれません。通園カバンをロッカーにしまうこともあるでしょう。園服、カバン、コップとコップかけ、ロッカー、これらすべてが物的環境です。つまり、ヒナちゃんをとりまく大小すべてのものが物的環境であるといえるのです。保育者には、あらゆる物的環境を子どもの生活に合わせて選び、配置し、使用する意識が求められます。

088 | 第Ⅰ部　幼児教育の基礎

1.4　人的環境

　人的環境とは、子どもをとりまく人たちを指します。ヒナちゃんの事例には、主に
クラスの子どもたち、担任保育者、ユウタくんが登場します。このとき、ヒナちゃん
の身近にあった人的環境はこの人たちといえます。

　さて、人的環境とはその子に直接関わる人だけを指しません。ヒナちゃんはクラス
の子どもたちと直接話しているわけではありませんが、クラスの子どもたちのおしゃ
べりをよく聞き、聞こえてくる情報からサナギが羽化したことを理解しました。クラ
スの子どもたちの興奮した様子やワクワクした表情により、ヒナちゃんもチョウへの
興味が高まっています。また、「蛾かもしれない」と言った子どもの父親も、想像を
膨らませてくれる人という点で影響力をもつ人的環境です。さらに想像すると、「ヒ
ナちゃんのクラス、サナギがいるんだってね」と園長先生や他クラスの保育者が話し
かけているかもしれません。彼らもヒナちゃんをとりまく人的環境と考えられます。

　子どもにとって、保育者はとても魅力的な人として映ります。子どもの将来の夢に
「幼稚園・保育園の先生」が多いのも、保育者が子どもにとって憧れの存在として心
に残るからでしょう。小川博久は、保育者には「自己自身についての認知」[3]が必要で
あるといいます。保育者である自分は子どもの目にどのように映っているか、子ども
からどのような存在として受けとめられているか、という「子ども視点の自分」を、
いろいろな面から気づき知っていることが重要なのです。

事例6−2A

　年中組の子どもたちが登園すると、保育者が手作りの髪飾りをつけていまし
た。女の子たちが「先生かわいい！　作ったの？」と尋ねると、「年長組のお店
屋さんで買ってきたの」と保育者は答えます。「いいなぁ」「ほしいなぁ」と
いう声ののちに、女の子たちは「年長さんのお店にいってきまーす」と出かけ
ていきました。

事例6−2B

　園庭で、保育者は曇り空を見上げてクンクンとにおいをかぎ始め、「ちょっ
と雨のにおいがするなぁ」と言いました。子どもたちもまねして空を仰ぎ、雨
のにおいを感じようとし始めました。

事例6−2C

　年長組でお化け屋敷が始まりました。年少組のレイちゃんは、興味はあるも

のの勇気が出ず入れません。そこへ保育者が「こわい！」と言いながら子ども
たちに押されて中へ入っていきました。レイちゃんの耳に「わー！ 猫おばけ
ー！」と驚く先生の声が届きます。子どもたちはその声がおもしろくてたまら
ず、レイちゃんもクスクス笑い出します。しばらくして、レイちゃんは友達と
一緒にお化け屋敷へ入っていきました。

　上記の例はいずれも、保育者が子どもにとって「モデル」であることを意識したも
のです。たまたま髪飾りをつけていたのではありませんし、普段は空気の変化を感じ
ても大げさな身ぶりで伝えたりはしません。大人ですからお化け屋敷も怖くありませ
ん。モデルである自分を通して教育的な意図、ねらいを達成しようとしているのです。
　子どもには、大好きな先生が身につけている物は魅力的に映ります。年上の園児と
の関わりを願っている保育者は、自分が見慣れぬ髪飾りをつけていれば、子どもたち
はきっと「自分たちも欲しい」と年長組の店へ行くだろうと予測したのです。また、
五感を通して季節の訪れや気候の変化を感じてほしいというねらいを、保育者は空を
仰ぎにおいをかぐという、視覚的にわかりやすい動きを通して自然と促しています。
そして、お化け屋敷で驚く声はレイちゃんの緊張を解き、同時に具体的なイメージ
（猫のおばけがいる）を提供しています。その結果、レイちゃんが自発的に動き出す後
押しとなっています。
　また、子どもは、保育者の他児への関わりを吸収し、善悪の判断基準や、ものごと
の受けとめ方を形づくっていきます。ある男の子が、飼育小屋から収穫した卵をうっ
かり落として割ってしまったことがあります。それを見ていた保育者は「こういうと
きもあるね」「どうして落としてしまったんだろう？」と穏やかに言葉をかけていま
した。保育者が彼を責めれば、周囲の子どもたちも同調していたことでしょう。保育
者の寛容で共感的な態度は、子どもたちにとって、今後、自分自身で物事を判断する
ときの指針になります。保育者は、自分の関わりは目の前の子どもだけに伝わると考
えがちです。しかし、保育者には見えていないさまざまな角度から、子どもは保育者
を見て学んでいるのです。

1.5　時間

　時間もまた環境の一つです。子どもがある遊びを始めてから終えるまでの時間があ
ったとします。それは自ら働きかけ取り組んでいる時間なのか、あるいは誰かからの

指示でこなしているだけの時間なのかという視点から考えると、子どもが経験する時間環境の質もずいぶんと異なって見えてきます。

　また、小学校では教育を行う授業時間と休み時間で明確に目的が異なりますが、園が教育を担う時間は「子どもが園の門をくぐった瞬間から始まって、子どもが門を出る瞬間までの間[4]」であるといえます。つまり、保育者は子どもが遊具で遊んでいる時間だけに意識を向けるのではなく、一日全体を通して時間という環境を整え、デザインしなければならないのです。

　では、時間という視点から事例6-1を見てみましょう。例えば、ヒナちゃんのペースで身支度を進める時間、子どもたちのおしゃべりに耳を傾ける時間、あらゆる角度からチョウを見ようと試行錯誤する時間、チョウに指を近づける緊張の時間、などと理解できます。

　ヒナちゃんには、「耳を傾ける」「眺める」「のぞき込む」「試行錯誤する」「ふれたくなる」「緊張する」と、さまざまな出来事を経験する時間がもたらされていました。例えばクラス全員で集まり、保育者の指示のもと、「順番に並んで3人ずつチョウを見ます。10数えたら交代ですよ」だったらどうでしょうか。ヒナちゃんが経験する時間はどのような性質のものになるでしょう。もちろん、集まりの時間にクラス全員でチョウを眺めることもあってよいのです。感じたことや気づいたことを言葉にして共有できる時間になるかもしれません。ただ、子どもにとってどのような時間になるのか、その時間に子どもが経験することは何か、そのために保育者はどのような時間環境を整えつくり出せるのだろうか、と考える必要があります。

2 ▶ 環境を構成する

　保育者が、子どもの姿をもとに立てた指導のねらいや内容を達成するために、子どもの遊ぶ場所や状況がどのようであるとよいかと考え、遊びに必要な素材を準備したり、物の配置を決めたり組み替えたりすることを**環境構成**と呼びます。どこに何を置いたら子どもは自分から進んで遊び始められるのか、どのような素材や道具を揃えると、子どもがイメージする遊びはより具体的に実現できるのか、と考えるのです。保育者は、子どもの遊びがより豊かになることや、子どもが自ら手足を動かし思考を巡らせて過ごせる環境を考えることが大切です。

2.1 環境構成の基本的な考え方

　幼稚園の場合、入園初期は子どもが家庭で経験してきていることを、園でも経験できるように環境を構成します。そうすることで子どもはスムーズに園生活へ溶け込むことができます。保護者から離れて過ごす時間は子どもにとって不安ですが、ままごとセットや描画（お絵かき）、粘土、砂場など一般的に2～3歳児が家庭で親しんでいる遊びを準備することで、子どもは慣れ親しんだ遊びに安心感を抱き、遊びの世界へ入り込んでいけます。

　入園後3～4か月頃は、子どもも園に慣れてきて興味や関心を広げていける頃です。絵の具やのりといった感触を味わえる素材や、水遊びのような体も心も思い切り動かせるような環境を増やしていくと効果的です。

　大型積み木や工作用机といった大型遊具・家具と、ままごとコーナーのようなごっこ遊びの場を、保育室内のどこに設定するか考えることも環境構成です。それぞれの遊びの場所次第で、遊びの流れや盛り上がりは変わります。動線を考えて、子どもが室内でケガをしないようにという観点も必要ですが、どの遊びとどの遊びが近くにあることで、子ども同士の交流や遊びのつながりが生じるのか、という観点で設定することもできるでしょう。その遊びに必要な空気は静なのか、動なのかを見極めて決めることもできます。例えば絵本コーナーは、保育室の中央に置くよりは壁の近くに設定する方が落ち着いた空間になります。折り紙コーナーと製作コーナーを同じ机に用意しておくと、まだ折ることが苦手な子どもは折り紙を切り刻むことに興味が変わることもあるでしょう。もし保育者のその時期のねらいが折り紙を通して「折る楽しさを味わう」であるなら、ハサミと折り紙の置き場を離し、ハサミの近くには切ってもよい紙を用意するとよいでしょう。ハサミと紙をどのような位置関係で用意するかは、アフォーダンスの考えともつながります（アフォーダンスについては2.2で後述）。保育者の環境構成が、折り紙を切り刻む行動を誘発するということです。

2.2 アフォーダンスから考える環境構成

心理学には**「アフォーダンス」**という考え方があります。例えば、平らな壁に突き出た部分があれば、人は無意識にその突起部分をボタンのように押すという行動に出ます。あるいは一枚の紙を手にしたとき、人は破る、丸める、折るという行動をしますが、その紙が厚く硬ければ、うちわのように扇ぐかもしれません。このように、あらゆる環境が私たちに与える意味や価値をアフォーダンスといいます。保育者が物的環境を構成するときは、このアフォーダンスの考え方が役立ちます。物（物的環境）を橋渡し役として、保育者から子どもへのメッセージを込めることができるのです。

園では、ままごと遊びでゴザを敷いて遊ぶ様子が見られます。使わないときはのり巻きのように丸めておけるゴザですが、入園後まもない4月は、子どもが登園する前からままごとセットの前にゴザを広げて敷いておくことがあります。ままごとセットがあり、そこにゴザが敷かれていれば、子どもは自然とそこに座ろうとするでしょう。ゴザから「座る」というメッセージを受け取るのです。そこでゆったり落ち着いてままごとを楽しんでほしいという保育者の願いが、広げたゴザを通して子どもへ伝わり、子どもは自分から座って遊び始めるというわけです。これが、丸めた状態のゴザを床に置いておくとどうなるでしょう。横たわった丸太のようなゴザを見ると、たいていの子どもは「またがる」ものです。するとままごとコーナーではあっても、子どもたちのイメージは電車や飛行機など乗り物ごっこになってしまいます。ままごとコーナーで乗り物ごっこを始める子どもたちを見て、「乗り物ごっこは別の場所で楽しんでほしい」と保育者は思うでしょう。実は保育者のゴザの置き方が、保育者自身を悩ませる原因になっているのです。5～6月頃であれば、子どもも「ここはゴザを敷いてままごとができる場所なんだ」という経験を積んでいるので、丸めたゴザを見たら自分でゴザを開くことでしょう。

事例6－1では、保育者が飼育ケースを保育室の机に置いて園庭へ出かけた場面があります。飼育ケースを保育室に置いてくれたおかげで、ヒナちゃんはじっくりチョウを眺めることができました。興味や関心をすぐに行動に移せる子どもは自分から飼育ケースを見に来ますし、まもなく花の蜜まで探し始めています。しかしヒナちゃんのような物静かで控えめな子は同じように行動できないときもあります。子どもでも手や目が届く場所に飼育ケースを置いたことで、ヒナちゃんは自分のペースでチョウと関わる時間をもつことができました。

担任保育者が、花を探しに出ていった子どもたちを中心に考えていたら、飼育ケースはその子どもたちに持たせていたかもしれません。保育者はたまたま保育室の机に置いただけで、ヒナちゃんの行動を想定してはいなかったかもしれません。どのようなねらいや意図、願いがあったのかはわかりませんが、明確な意図がなかったとしても、「飼育ケースを子どもの手の届く場に置いておく」という行動は、「このチョウは、誰でも見たりさわったりしていいよ」というメッセージを込める結果へつながっているのです。

2.3 環境を再構成する

子どものアイディアやイメージ、周囲の状況、遊びの内容の変化に合わせて、あらためて環境構成し直すことを**「環境の再構成」**といいます。

例えば、子どもたちがお店屋さんごっこを始めた場所が保育室の隅であったとします。落ち着くからという理由でその場を選んだのかもしれませんので、まずはそこでの展開を尊重するべきです。しかし、何日か続くなかで遊びが盛り上がっていないとしたら、原因として「お客さんが来ない」ということも考えられます。そのようなときは、例えばお店屋さんの場を、いろいろなクラスの子どもの目にとまるよう廊下に移してみること（環境の再構成）を、子どもたちへ提案してみるとよいでしょう。ただし、保育者主導で遊び場を変えるのではなく、子どもが引き続き自発的に遊びを展開できるように、子どものイメージに伴走しながら再構成することが大切です。事例を見てみましょう。

094 | 第Ⅰ部　幼児教育の基礎

事例6−3　さんかく屋根のテント

4歳児クラス／9月

　トモちゃんとユウちゃんが机の下で寝そべったり、料理道具を運んだり、机をシーツで覆ったりしています。聞くと「キャンプしてるの」と言います。夏休みに家族でキャンプをしたことを思い出し、自分たちなりに机をテントに見立ててキャンプを再現しているのでした。

　K先生は、2人がイメージしているのは三角テントかな？と想像し、テントを再現するには机ではない方がよいかもしれないと考えました。また、机に頭をぶつけそうな様子も気にかかりました。そこでK先生は「2人が寝るには狭くない？　机じゃない物にしたら？」と言いますが、2人は「狭くない！　くっつけば平気！」と、がんばって机の下に入ろうとします。

　しかし、K先生が続けて「テントで寝るのって先生も好きなんだ。そうだ、シーツを上から吊るしてみる？　さんかく屋根のテントになるかもよ？」と提案すると、2人は「それがいい！　吊るそう！」と喜んで机の下から出てきました。K先生は机を脇へ動かすと、代わりに天井から紐を長く垂らし、紐とシーツを結び吊るします。そして3人でシーツをピンと張り、端をテープで床に固定すると、シーツテントの中には子どもが立てるほどの空間が出来上がりました。2人はシーツテントに目を輝かせ、それ以来キャンプごっこはそこで行われるようになりました。

　大人は物を作ろうとするとき、まずは必要な道具や材料を考え、それを揃えてから作り始めます。年長児であれば、最適な材料を揃えてから作る段階に進むという秩序立った手順も踏めるようになりますが、3〜4歳児はまだ難しいでしょう。「あの子は今何をしているの？」と首をかしげるような姿が、実はイメージする遊びを目の前にある素材で自発的につくり出そうとしている場面かもしれません。トモちゃんとユウちゃんはテントを作ろうと思い立ち、普段から保育室にある机やシーツで見立てたのでしょう。そのまま彼女たちの遊びを見守ることも一つの考えですが、K先生には、2人のイメージをより実際のテントに近づけることで遊びはより豊かになるだろうという予測が浮かびました。また、机の下で体をぶつけたり指を挟んだりする可能性も踏まえて、机以外の物を使うよう提案したのでしょう。しかし2人の心にK先生の提案は届きません。2人からすれば、「せっかく作ったテントを変えなければならな

い」というネガティブな提案に思えたかもしれません。しかしその次にK先生がかけた言葉はどうでしょうか。「テントで寝るのって先生も好き」「シーツを上から吊るしてみる？」という言葉からは、遊びへの共感、具体的な作り方が伝わります。そして「さんかく屋根のテント」という言葉が期待を高め、新しいテントのイメージの共有にもつながっています。2人が実現させたい遊びに寄り添う姿勢で提案したことで、トモちゃんとユウちゃん自身がテントの作り直しに意欲をもって動き始め、保育者も意図する方向へ環境を再構成することができました。

2.4 遊びの状況をつくる

『幼稚園教育要領解説』では、環境構成を以下のように説明しています。

> すなわち、環境を構成するということは、物的、人的、自然的、社会的など、様々な環境条件を相互に関連させながら、幼児が主体的に活動を行い、発達に必要な経験を積んでいくことができるような状況をつくり出すことなのである。[6]

　遊びの「状況をつくり出す」とは、子どもの遊びに必要な道具を保育者が用意しておくことだと想像するかもしれません。しかし、前日楽しんで取り組んでいた遊びでも、その子どもが今日もその遊びを続けるとは限りません。それは、遊びが生じる状況には物だけなく「人的、自然的、社会的」といったさまざまな環境条件が絡み合っているからです。以下の消防隊ごっこの事例からは、保育者のどのような関わりや援助が考えられるでしょうか。

事例6-4　消防隊ごっこが始まらない

4歳児クラス／11月

　実習生Nさんの責任実習での出来事です。実習中、Nさんはタクヤくん、ソウタくん、ケイくん、マコトくんが毎日大型ブロックで消防車を組み立てては、消防隊になりきる姿を目にしていました。Nさんは、きっと責任実習の日も彼らは消防隊ごっこをするだろうと予想していたのですが、責任実習当日、4人はバラバラに過ごし、消防隊ごっこが始まることはありませんでした。

---

096 | 第Ⅰ部　幼児教育の基礎

　責任実習の日、4人が消防隊ごっこをしなかったのは、たまたまだったのでしょうか。担任のK先生は、朝の遊び始めに、4人へどのように関わっているのかをNさんに話してくれました。

　K先生は4人の個性や関係を、タクヤくんはグループの仕切り役、ソウタくんはタクヤくんと遊びたい思いが強い時期、ケイくんは物作りが得意なタイプ、マコトくんはイメージ豊かなアイディアマンと捉えています。消防隊の4人は一見タクヤくんを中心に動いているように見えるけれど、実はタクヤくんは物作りが苦手なため、タクヤくんだけでブロックを組むことはできない。だから登園したらタクヤくんとは消防隊ごっこをしたい気持ちを高め合い、ソウタくんにはタクヤくんの様子をさりげなく伝え、同時にケイくんやマコトくんが消防車を作り込めるように場所を整えているのだといいます。Nさんは、K先生が4人の人間関係を見取り、4人それぞれに必要な関わりを同時並行で行っていることを知りました。自然に遊び始めているように見えた消防隊の姿は、実はK先生の援助により遊びをつくる状況が整えられたうえで展開されていたのです。

　このように保育者は、遊びのイメージがふくらむ関わり、遊びへの意欲が高まる関わり、子ども同士をつなげる関わり、遊びに最適な空間づくりなど、間接的な関わりを通して、遊びに必要な状況を整えるのです。

事例6−5　誰の遊びなの？

5歳児クラス／11月

　4人の女の子たちが毎日「森のアクセサリー屋さん」を続けています。森で動物たちがアクセサリーを売っているという設定で、女の子たちは手のひらサイズの平たい木の板に、ドングリなどの木の実や小枝を飾りつけて、連日ペンダントを作っています。園長先生が通りかかり、「毎日たくさん作っているね。どれも木のアクセサリーなんだね。折り紙と木の実を合わせて新商品にしてみるのはどう？」と声をかけました。すると「先生が、木で作ろうって言ったから」という答えが返ってきたのです。園長先生は、「動物たちのお店だから折り紙はいらない」というわけじゃないんだな、と思いました。

第6章　環境を通して行う教育の理論と方法 | 097

　これは、保育者の意図やねらいが強く環境構成に現れてしまった事例です。あくまでも遊びの主役は子どもであり、保育者は子どもの気持ちや様子をもとに、ねらいや目的を考え、環境を構成します。子どものなかに「自分が決めた、選んだ」「自分がしたい遊びだからしている」という実感があることが大切です。事例の遊びは森のアクセサリー屋さんなので、園長先生は、子どもたち自身が「森の中にあるもので作らないと森のお店じゃない！」と思い、あえて自然物を遊びの素材に選んでいるのが理想だと思ったのでしょう。しかし、子どもから返ってきた答えは「（担任の）先生が木で作ろうって言ったから」でした。保育者には、「身近な自然物を取り入れて、季節を感じながら遊ぶ」というねらいがあったのかもしれません。だから子どもたちにも、好きなアクセサリー作りを自然の物でやってみようと提案したのでしょう。保育者がねらいをもって素材を考え、環境を整えることは重要です。しかし、ねらいを達成することに焦ると、保育者の環境構成によって子どもの思いがないがしろにされてしまいます。あくまでも、子ども自身が「じゃあ、森にあるもので作ったら森のお店になるんじゃない？」「そうだね！ 折り紙やモールを使ったら、人間だと思われちゃうね」「じゃあドングリ探しに行こうよ」というように、子どもなりに納得できる過程をたどることが大切です。

3 ▶ 子どもの生活と遊び

　幼児期の生活は、何ごとにも子ども自身の「心が動く」段階を大切に考え、展開されるべきです。大人になると、私たちはたいていのことを規範や社会常識で考え、それが義務やルールであればたとえ面倒で楽しくないことであっても受け入れます。

　しかし、子どもの生活を同じように考えて、「幼稚園は毎日行くものだ」「先生がクラスに提案した遊びは全員するものだ」「弁当は残さず食べるものだ」と義務や常識かのように押しつけるのは間違いです。子どもの生活は、「楽しい」「嬉しい」「おもしろそう」「したい」などの子ども自身が心から思えている状態がまず先にあって、次に行動や態度に表れるものであるべきでしょう。そのような正の感情をもって始まる遊びや活動は、子どもも主体的に参加しますし、アイディアや疑問、発見も自発的に湧き出てきます。これらの感情をもたないまま保育者主導で始まる活動は、いつまでたっても「先生が言ったから、している」という域を出ません。

　子どもの心が動く遊びや活動とは、どのように生まれるのでしょうか。目新しいおもちゃやゲームも、見慣れたり何度も遊んだりしているうちに興味を失います。一方

098 | 第 I 部　幼児教育の基礎

で、日々の生活のなかで見たり、聞いたり、ふれたりして慣れ親しんでいるものに対して、子どもの心は大いに動きます。

事例6−6　ラグビーに夢中

4歳児クラス／10月

　テレビでは連日ラグビーの試合が流れ、日本代表選手が活躍しています。家庭で試合を見ているミオちゃんとシュンくんは、園でも目を輝かせて好きな選手の話をします。保育者が「ラグビーって、長い丸の形をしたボールの？」と、よく知らないふりをして尋ねると、2人はそうだそうだと興奮気味にうなずきます。保育者は、今の2人にとってラグビーはとてもワクワクする対象なのだろうと感じ取り、新聞紙やテープでボールを作ってみようかと提案しました。2人の今後の様子次第では、ユニフォーム、日本代表チームのマークを作るのもよさそうだと思案しているところです。

　子どもは日常生活のなかであらゆるものと出会い、発見し、心を動かしています。しかし大人は逐一気がつくことはできませんし、そのうちに子どもの心も動き、次の興味へ移っていきます。事例の保育者のように、普段の会話や様子から子どもが今心を動かしていることを感じ取り、彼ら主体の遊びへとつなげようとすることで、心に芽生えた興味や意欲は広がり深まっていきます。また、ここで4歳児にとって無理のない難易度の提案をしている点も重要です。子どもが自分で作れそうと思えるものを提案することで、ラグビーにまつわる遊びは子ども中心に展開していきます。

事例6−7　ラグビーってなーに？

4歳児クラス／10月

　集まりの時間、保育者は、ミオちゃんとシュンくんを子どもたちの輪の中央へ呼び、「2人は今日ラグビーのボールを作ったらしいんだけど…ラグビーってなーに？」とラグビーについて尋ねました。するとクラスの子どもたちは思い思いに自分が知っていることをしゃべり始めます。保育者は「みんなもたくさん知ってるんだね。じゃあミオちゃんとシュンくん、ちょっとやってみせてくれる？」と2人に促しました。2人が見よう見まねでボールを取り合うと、相撲をとるような格好になってしまい2人は笑い出します。みんなは「そうじ

ゃない！ こうだよ！」と言いつつも、ついには全員が大笑いです。保育者は、子どもたちの知識や関心の高さから、明日はボール作りの材料を増やしておこうと思いました。明日、子どもたちはボールを作ったり、相撲のようなラグビーを楽しんだりするでしょう。

　子どもの生活は家庭だけではありません。園生活という社会のなかでも心を動かす出来事に出会います。事例のように、子どもの姿をきっかけとして集まりの時間にラグビーを話題にあげたことで、実は他の子もラグビーを見たことがあり、気になっているということがわかりました。誰でも話題に入り込める質問を投げかけたことも効果的でした。

　心を動かす出来事をその子自身の遊びへつなげていくだけでなく、保育者がその様子や雰囲気を周囲へ広げていく働きかけを行うことで、他の子の心も動かしたり、クラス集団全体を刺激したりすることができます。心の動きが伝播し、共有されることで、子どもたちの生活はより広がりをもち、豊かになっていきます。

注

1）『新明解国語辞典』第6版、三省堂、2005

2）チョウの飼育は難しく、長生きさせるには温度管理やエサの種類・頻度に気をつけないといけません。羽化したチョウに与えるエサは水で薄めた砂糖や蜂蜜が推奨されています。ヒナちゃんのクラスでは、羽化した数日後にチョウを野生に返してあげています。

3）小川博久『保育援助論』萌文書林、2010、p.60

4）無藤 隆『幼児教育の原則—保育内容を徹底的に考える』ミネルヴァ書房、2009、p.3

5）アフォーダンス：Affordの名詞化でギブソンの造語。佐々木正人『新版 アフォーダンス』岩波書店、2015を参照。

6）文部科学省『幼稚園教育要領解説』フレーベル館、2018、p.249

港区立白金台幼稚園
（東京都・港区）

　11月の秋晴れの朝、園庭では3歳児クラスの子どもたちが保育者と「焼き芋」をせっせと作っていました。製作テーブルには本物のサツマイモが置かれ、新聞紙と紫色の画用紙、セロテープなどが準備されています。そばには小さな丸太で囲われた焚き火コーナーが出来上がり、真ん中には園庭から集めた落ち葉と一緒に、出来上がったサツマイモがくべられていました。

　閑静な住宅街に佇む港区立白金台幼稚園は、都心とは思えないほど自然豊かな園庭をもつ園です。ゆるやかな起伏があり、何種類もの木々に囲まれた園庭では、ドングリやさまざまな形・色の落ち葉に出会えます。子どもたちも自然物を拾っては、ままごとや工作に使うことができます。

　丸太や木の椅子など、子どもたちで動かせる物的環境が豊富なところも、この園庭の魅力の一つです。園庭の一角には、車のタイヤ、小さなサイズの木の机、長い椅子、瓶ケース、ゴザなど、何種類もの道具が十分な数だけ並んでいます。焼き芋作りも、ここから丸太を運んだようで、片付けの時間には女の子が丸太をゴロンゴロンと転がして元の置き場へ戻していました。5歳児クラスの子どもたちはゴザを何枚も敷き、そのゴザを囲うように細い板を置いていました。板で囲われたゴザは、一瞬で部屋かお風呂のように見えてきます。滑り台や鉄棒のように遊び方がある程度決まっている遊具だけでなく、板や丸太のように、無限に組み合わせたり見立てたりできる素材があるため、子どもたちは自分のしたいこと、頭に描いたイメージを、自分なりの形で表現することができています。また、全クラスが同じ空間で遊んでいるので、「このタイヤはこんなふうに使える」「あの台は2人で運ぶと運びやすい」と、3歳児が4歳児・5歳児の様子を見て、自然と使い方や片付け方を学んでいくことができます（観察学習）。

　白金台幼稚園には、「わくわくタワー」と呼ばれ親しまれる木製の道具があります。園庭では4歳児クラスの子が、わくわくタワーに棒を通し、そこへゴザをかけて壁のように使っていました。5歳児クラスでは、サツマイモのツルで編んだリースがわくわくタワーに飾られていました。

　このわくわくタワーは、保護者の方たちによって数年おきに手作りされています。子どもたちが使う物を作るという経験を通して、保護者はいっそう園の教育へ興味をもつことができますし、園の教育を保護者と一緒に考えつくっていきたいという園のメッセージも伝わっていくことでしょう。

（松原乃理子／協力：港区立白金台幼稚園　佐々木勝世・新井智子〔第11代園長〕）

第7章 総合的な教育活動の計画と展開

1 ▶ 自然や身近な動植物を生かした幼児教育

　自然を生かした幼児教育というと、皆さんはどのような実践を思い浮かべるでしょうか。園の近くにある自然豊かな公園に出かけていく、行事の一環として山や海にキャンプに出かける、といった活動をイメージするかもしれませんが、例えば園庭に木を植えたり生き物を飼育したりする、色水遊びができるように雑草を抜かずに残しておく、といった環境構成も子どもが身近な動植物と関わる機会となります。また、花壇を作る際にも、きれいな花を咲かせるために大切に育てるところ、子どもたちが自由に草花を摘んでいいところというように、それぞれの場所を設定しておくというのも一案です。そういった場所を用意しておくことによって、「全部採っていいのかな」「自分だけで使っていいのかな」などと子どもたちが試行錯誤したり、相談したりすることにもつながっていきます。また、畑やプランターで野菜を育てて成長を観察する、収穫するといった一連の活動も、食育を兼ねたよい経験になるでしょう。このように、子どもが身近な動植物に関わる環境や状況は、都会の園であっても工夫次第でつくり出すことができます。

1.1　幼児教育における自然の意義

　幼稚園教育要領、保育所保育指針には、「幼児期の終わりまでに育ってほしい姿」（10の姿）が示されています。この10の姿のうち、「**（7）自然との関わり・生命尊重**」では「自然に触れて感動する体験を通して、自然の変化などを感じ取り、好奇心

102 | 第Ⅰ部　幼児教育の基礎

や探求心をもって考え言葉などで表現しながら、身近な事象への関心が高まるとともに、自然への愛情や畏敬の念をもつようになる。また、身近な動植物に心を動かされる中で、生命の不思議さや尊さに気付き、身近な動植物への接し方を考え、命あるものとしていたわり、大切にする気持ちをもって関わるようになる」と謳われています。つまり、自然や身近な動植物との関わりには、多くの教育的なエッセンスが含まれており、子どもたちが経験を通して多くの学びを得ることが期待されているのです。

　幼児教育における自然との関わりの効用については、以下のように示されています。

　①生物としての自分を確認し、受け入れるためという **「生物性の確認」**

　②人の子どもの発達がもともとは自然のなかでなされてきたという事実に基づく

　　「より豊かな発達の機会提供」

　③人類が直面している課題に向かうための **「持続可能な社会形成の基盤づくり」**[1]

　つまり、幼児教育に自然との関わりを取り入れる意義として、自分自身も生き物であるという実感から他の生物への共感や生態系への理解につながる、現代社会が奪ってしまった自然のなかでの子どもの発達機会を保障する、今や国際社会共通の目標である **「持続可能な開発目標（SDGs）」** の実現への下地作りということを期待しているのです。

　幼児教育では、子どもが実際に体験するなかで、不思議なことやおもしろいことに出会い、心を揺さぶられる経験を重ねていく、そのなかで考えを巡らし何かに気づくことを学びと捉えています。自然のなかには、季節の移り変わり、その時々に現れる現象、成長によって姿を変える生き物たち、いろいろな形・手触りの葉っぱや木の実など、子どもの五感を刺激する要素が豊富にあります。こうした興味・関心を高める現象や素材は、子どもが主体的に活動しようとする意欲や態度を引き出すきっかけになると考えられます。

　しかし、豊かな自然のなかに子どもを放り込むだけでは幼児教育とはいえません。保育者は子どもたちの活動を見取り、その姿から一人一人の経験や学びを解釈し、可視化したり共有したりすることで自分の実践を振り返り、再構成していく必要があります。

　冒頭で、都会でも工夫次第で自然や身近な動植物に関わる環境や状況をつくり出すことができると述べましたが、本物の自然に囲まれた園でも、それを実践に生かすには工夫が必要です。では、自然のなかでダイナミックに繰り広げられる、子どもの実体験を重視した教育活動とはどのような実践なのでしょうか。ここでは「森のようちえん」での活動を例に、自然を生かした幼児教育について考えていきます。

1.2 「森のようちえん」とは

「森のようちえん[2]」の発祥は「子どもを豊かな自然環境のなかで育てたい」と考えたデンマークの一人の母親が始めた、自然体験活動を含む保育であるといわれています。この活動が、スウェーデン、ドイツへと広がり、中国、韓国、そして日本においても展開されています。

では、この活動が展開されている「森」とは、どのように定義されているのでしょうか。今村光章は「第一に、多様な樹木があること、第二に、人間に飼育されていない動物、および栽培されていない植物が存在していること、第三に、完全な人工的空間ではなく、比較的、自然のままの姿が残されている場所であること[3]」といった3つの要素をあげています。また、「森のようちえんの活動場所は森だけに限らない。広い意味で、自然豊かな場所ということになる[4]」としています。

日本における森のようちえん活動は、社会の変化によって子どもと自然との関わりがあまりにも少なくなったことに危機感を抱いた大人たちが、自然体験の機会を提供しようと始めた活動です。「森のようちえん」は、通年で活動をする施設、行事として実践する施設など、その運営スタイルはさまざまです。一見すると、任意団体が独自な教育を行っていると捉えられがちですが、実体験を通した、子どもの主体的な活動を援助することを重視しており、むしろ幼児教育の基本に即した実践ともいえるでしょう。

1.3 「森のようちえん」の実践

ここからは、「森のようちえん」ではどのような実践が行われているのか、長野の豊かな自然のなかにある「こどもの森幼稚園」を例に見ていきましょう。

こどもの森幼稚園は、長野県長野市北部、標高1,050mの飯綱高原にある、自然保育に特化した認可幼稚園です（2025年3月現在）。こどもの森幼稚園では、幼児期の

教育として大切なのは、自然の事象の不思議さに気づく、それについて考えたり感じたりする力を育むことであると考えています。自然豊かな環境で、子どもたちは仲間とともに夢中になって遊びながら失敗や成功を繰り返し、そのような経験を重ねることで自己肯定

感を高め、コミュニケーション能力などを獲得する、つまり「生きる力」を身につけられるという理念に基づき、教育活動を展開しています。

　園では、朝夕の2回、集まりの時間を設けています。朝の集まりでは、**アニミズム的思考**を引き出すために『のはらうた』の暗唱をする、「ニュースの時間」として自分の発見を友達と共有するなど、子どもたちが自然に入り込んで遊ぶ手がかりを提供しています。帰りの集まりでは一日の遊びを振り返り、明日の活動への期待を高めたり、絵本の世界を共有することで遊びの余韻を味わったりしています。また、一年を通した活動としての「お米作り」、自然の恵みに感謝する秋の「もりのおみせやさん」、子どもの姿から保育者が物語を紡ぎだす冬の「オペレッタ（音楽劇）会」といった行事を通して、子どもの学びをアウトプットしています。

2 ▶ 総合的な教育活動としての幼児教育

　ここでは、**総合的な教育活動**とは何か、どのような実践が総合的な教育活動としての幼児教育といえるのかについて、実践例をもとに考えていきます。

　要領の第1章総則、第1幼稚園教育の基本には「幼児の自発的な活動としての遊びは、心身の調和のとれた発達の基礎を培う重要な学習であることを考慮して、遊びを通しての指導を中心として第2章に示すねらいが総合的に達成されるようにすること」（傍点筆者）と示され、第2章ねらい及び内容を見ると「各領域に示すねらいは、幼稚園における生活の全体を通じ、幼児が様々な体験を積み重ねる中で相互に関連をもちながら次第に達成に向かうものであること、内容は、幼児が環境に関わって展開する具体的な活動を通して総合的に指導されるものであることに留意しなければなら

ない」(傍点筆者)と明記されています。つまり、保育者は5領域の「ねらい」を理解し、子どもたちの主体的な活動としての遊びのなかに、その「ねらい」を達成できるような状況をつくり出すことが求められています。またその際、子どもたちの活動に特定の領域を当てはめるのではなく、領域を超えて遊びが展開するよう援助をすることが必要です。

前出のこどもの森幼稚園では、園庭での遊び(p.62事例4－1参照)、森での活動を園生活の中心に置いています。園庭では、鬼ごっこやままごとに夢中になる子どもの姿があり、四季折々、変化を見せる自然に入り込み、その時々に現れる自然現象や生き物に興味をもって関わっています。保育者は、幼児期の特徴として見られるアニミズム的思考を捉え、実践にうまく取り入れています。また、子どもの意欲を引き出し、自ら体を使って表現する、協働する体験の機会をつくっています。こうした実践の意義について、こどもの森幼稚園で行われているオペレッタとお米作りの活動に焦点を合わせて考えていきましょう。

2.1 学びのアウトプット「オペレッタ」

冬に行われるオペレッタ会では、子どもたちが日々生活を共にしている生き物や自然物、自然の現象をテーマに、保育者が子どもの姿をそれらに重ね合わせ、子どもとともに活動をつくり上げていきます。そこには、保育者が子どもたちに伝えたいことやねがいが込められています。オペレッタはいつもどおりの園生活のなかに組み込まれ、子どもたちは、保育者とともにオペレッタを楽しみます。役に入り込み、時に現実と物語の世界を行きつ戻りつするような姿を見せます。

内田幸一は「幼児にとって森の中は、空想を廻らす世界でもあります。妖精や天狗、お化けや怪物などがいる場所にもなり、森ではそれぞれに様々な営みがあり、動物の家族や昆虫がまるで人間の世界のように暮らしていると思えたり、妖精や怪物が事件を巻き起こしていると思えたりします。この空想的なメルヘンな世界は、幼児期の内面、精神的な成長に欠かすことができません」[8]と指摘しています。子どもたちがともに過ごし、遊びに入り込むた

めには、イメージの共有が必要です。ファンタジーの世界ではイメージの共有が容易になり、さらにそれをふくらませていくことが期待できます。

また、以下に示す事例7-1のように、生き物や自然現象になりきってファンタジーの世界を楽しむことから、自然と生き物への理解や科学的思考、生物学的興味の芽を育むとも考えられます。

事例7-1　カネチョロが一番好き

4歳児クラス／10月

生活のなかにオペレッタが入ると、他の遊びをしているときでも歌を口ずさんだり、役になりきったりする様子が見られます。特に人気がある「カネチョロ（カナヘビ）」になった子どもは、歌詞の言葉を使ったり、動きをまねしたりしながらカネチョロ探しに夢中になります。

ある日、それまでこの生き物にさわることさえできず、必死に捕まえようとする他児を遠巻きに見るだけだった女児が、パッと手を出し、一瞬の間にカネチョロを捕まえました。そして、捕まえたカネチョロを友達に見せながらこう言いました。「私、オペレッタはカネチョロにしようかな、だってカネチョロが一番好きだから」。

この女児のなかでどのような変化が起こったのでしょう。オペレッタに登場するカネチョロがかわいらしく見え、苦手だったこの生き物に親近感を抱いたのでしょうか。

子どもは、大人と同じような科学的知識はもっていませんが、子どもなりの方法で生き物や自然現象を理解しているといわれます。稲垣佳世子らは、幼児が最初にもつ生物学、いわゆる素朴生物学について「擬人的で生気論的な性質をもつ」「子どもの生物学的概念は人間中心で擬人的な性質をもつ[9]」と述べています。つまり、子どもが生き物や自然現象について推論をする際には、人間との類似性に基づく推論という方法でその状態、成長を捉えていると指摘しています。[10]

前出の内田は、「（森の活動

第7章　総合的な教育活動の計画と展開 | 107

の中では）動物などを主人公としたお話作りを子ども達と行うことができる」とし、「保育者と共同的に物語を作る活動は、子ども達の体験を背景とした活動として、もっとも高度で創造的な活動と言える[11]」と述べています。素朴生物学の観点からも、子ども自身が生き物や自然の素材になりきって、それを体現しながら遊ぶことは、幼児期の発達過程に即した活動であるといえます。そして、この実践のように幼児教育における表現活動は、子どもの日常からテーマを設定し、園生活の流れのなかで、遊びの延長としてつくり上げていくことが大切です。その過程で、子どもたちは、仲間と協同する、自分の考えを言葉にする、生き物や自然現象への理解を深めるといった体験を重ねることができます。こうした過程から生まれる活動は、遊びを通した学びのアウトプットであるといえます。

2.2　年間を通した活動「お米作り」

　また、こどもの森幼稚園の園児たちは、一年を通してお米作りを体験します。6月の田植えから、10月の稲刈りまで、子どもたちはさまざまな体験をしながら働きます。

　こどもの森幼稚園では、子どもにとっての自然を、四季折々さまざまな自然物を見つける、天候の変化に気づくといった「発見の場」、珍しいもの、見たこともないものがある「不思議に満ち溢れている場」、人工物のない空間のなかで偶然にさまざまなものに出会う「自分で考え行動する場」であると考えています。そして、森は「秩序を学び、自然をそのまま受け入れる場」であり、「自然に合わせ、自分を変化させる場」であると受けとめています。子どもたちは、こうした自然の摂理を園生活を通して身をもって学んでいきます。

　子どもたちが実体験を伴う経験を積み重ねていけるように、保育者は「ねらい」をもって活動を援助していきます。事例7−2の「かかしづくり」では、保育者が子どもたちの話し合いを進行し、発言を促すファシリテーターの役割を担っています。

事例7−2　スズメが怖がるものは何だろう

5歳児クラス／8月

　8月、お米の生育状況を確認しに行った子どもたちのなかから、「お米ができるとスズメが来て食べられちゃう」と心配する声があがりました。年長児からは、これまでの経験から「かかしを作ろう」という意見が出ます。保育者が「どんなかかし？」と問いかけると、「りゅう」「おおわし」「スピノサウルス」

など声があがりますが、なかなか意見がまとまりません。そこで保育者は、作りたいかかしのイメージをもっている子どもに、「どうしてそれがいいと思うのか」をプレゼンテーションしてもらうことにしました。そして「スズメが怖いと感じる「おおわし」がふさわしい」と話し合いがまとまり、かかしのイメージは「おおわし」に決定しました。

　話し合いを重ねるうちに、子どもたちから「「おおわし」ってどのくらいの大きさなの？」といった声があがったので、子どもたちに「おおわし」の話をしてくれた専門家の先生に聞きに行ったところ「全長は２m50cm」であるとわかりましたが、今度は「それってどのくらい？」という新たな疑問が生まれました。そこで、保育者は実物大の「おおわし」の型紙を書き、皆で型紙の上にのって、大きさを確認してみようと提案しました。

　自然の秩序をどう受け入れるのか、自然に合わせて自分たちの「ねがい」を実現させるためにはどうしたらよいのか、子どもたちは試行錯誤し、友達と考えを共有しながら折り合いをつけていきます。保育者は、その過程で浮かび上がってくる子どもたちの疑問をすくいあげて思考を巡らせる機会をつくり、問題解決のための活動を組み立てていきます。

　秋には、子どもたちと保育者、保護者が一緒になって、カマを使って稲を刈り、昔ながらの農機具で脱穀、唐箕といった作業をしていきます（p.111左上写真参照）。この活動を通して、先人たちの知恵や地域の文化にふれ、体を使って働くこと、働いて自然の恵みを受け取ることを経験していきます。

2.3　総合的な教育活動とは

　このように幼児教育では、保育者が子どもに伝えたいこと、体験してほしいこと、それを経験として積み重ねてほしいといった「ねがい」や「意図」を活動の随所に散

りばめていくことが大切です。こうした「しかけ」と、子どもがどう反応し取り入れるかという相互作用によって経験が生まれ、その蓄積が学びにつながっていくと考えることができます。

要領には、幼児教育は「環境を通して行う」ものであり、「遊びを通しての指導を中心として」「ねらいが総合的に達成されるようにすること」と謳われています。保育者は、園生活のなかで、周囲の環境を生かして学びの状況を構成し、子どもたちから自発的に始まる遊びを見守ります。また、子どもが楽しいと感じている何か、興味・関心を抱いている何かに目を向け、どうしたら遊びが盛り上がるのか、この興味・関心を経験につなげられないかと考えていきます。こうした日々の生活や、保育者が意図をもって計画する行事が幼児期の教育活動であるといえます。こどもの森幼稚園での「オペレッタ」や「お米作り」といった行事は子どもの遊びの延長線上に置かれており、生活のなかに無理なく組み込まれています。また、こうした活動のなかで子どもたちは、身の回りの環境に関心をもつ、自分を表現する、協同する、折り合いをつけるというように、領域を超えた体験をすることができます。こうした実践は多面的であり、子どもたちに多様な経験、つまり学びの機会を提供することになります。自然を生かした教育活動、そこで生まれる経験・学びは領域「環境」のねらい・内容だけにとどまりません。保育者の援助のもとで、子どもたちが遊びを通して、生活を通して、すべての領域に関わる経験を複合的に重ねていく営みこそが、総合的な教育活動としての幼児教育といえるのでしょう。

3 ▶ 総合的な教育活動をどう計画・実践するか

幼児教育は、子どもにとってふさわしい環境のなかで行われる必要があります。「日本の幼児教育の父」とも称される倉橋惣三（第3章参照）は、著書『幼稚園真諦』のなかで、幼稚園を子どもの生活の場と捉え「生活形態に無理があってはならぬ[12]」と強調しています。つまり、幼稚園としての概念や計画で組み立てられたなかに子どもを「入れてくる」という考え方を否定しています。

また、要領には「幼稚園生活の全体を通して第2章に示すねらいが総合的に達成さ

れるよう、教育課程に係る教育期間や幼児の生活経験や発達の過程などを考慮して具体的なねらいと内容を組織するものとする。この場合においては、特に、自我が芽生え、他者の存在を意識し、自己を抑制しようとする気持ちが生まれる幼児期の発達の特性を踏まえ、入園から修了に至るまでの長期的な視野をもって充実した生活が展開できるように配慮するものとする」(第1章総則−第3−3(1)／傍点筆者)と謳われています。つまり、幼児教育は子どもの生活そのものであり、子どもたちの実態や家庭環境、地域の特性などを考慮し、自然なかたちで展開されることが重要視されています。このような日常生活のなかで子どもたちが複合的な経験を重ねていくために、保育者はどのように計画を立てていけばよいのでしょうか。

3.1 子どもの生活から行事を考える

行事の計画には、保育者による子どもの姿の見取りと、それに基づいた保育者の意図が反映されていることが必要不可欠です。前節では、こどもの森幼稚園の行事を例に子どもたちの総合的な学びについて解説しました。保育者の意図が見えやすいので例示したということもありますが、何より幼児教育のなかで行われる行事は、子どもたちの生活のなかに無理なく組み込まれていることが大切であり、生活のなかでの経験の積み重ね（学び）のアウトプットとして捉えるべきと考えるからです。ここでは、生活のなかに行事がうまく組み込まれ、それを中心に教育活動を計画している前出のこどもの森幼稚園を例に考えていきます。

こどもの森幼稚園では、年間を通した活動であるお米作りを軸に教育活動が計画されています。5月の田植えのあとは、8月のかかし作り、9月後半の稲刈り、脱穀、10月の飯盒炊爨まで、お米作りのプロジェクトが進行していきます。

4月に入園した年少児は新しい環境に戸惑いつつも、お世話係の年長児との関わりのなかで徐々に園に慣れていきます。そのタイミングで初夏には山に山菜を採りに出かけ、年少児は年長児にリードされながら、年中児同士はお互いに助け合いながら山で一日を過ごし、カナヘビや音のなる植物（イタドリ）などの動植物との出会いを経験する

第 7 章　総合的な教育活動の計画と展開　｜　111

なかで、自然への興味とそこで生活していくことへの自信を高めていきます。

　夏の終わりには稲の生育を確かめに田んぼに出かけ、スズメから稲を守るためのかかしを皆で相談して作り上げていきます（事例 7 − 2）。年少児も自分の思いを友達に伝えたり、友達の気持ちを受けとめたりすることがだんだんとできるようになり、保育者の援助のなかで皆の考えを一つにまとめていきます。年中児は、昨年の年長児の作品を思い出し、友達とイメージを共有しながら自分たちのかかしを作り上げていきます。また、年長児はテーマの選定から意見を出し合い、よりよくするために相談する、調べる、検討する、発表することを繰り返し、納得のいくものに仕上げていきます。秋の稲刈り、飯盒炊爨でお米作りは一段落しますが、この過程で子どもたちは上述のように多くの経験を重ねていきます。こうした経験や日々の生活のなかでの体験を次の行事であるオペレッタ会に生かしていきます。このように、保育者は行事を軸として年間の計画を立案しますが、その際子どもたちの生活のペースと日常的な経験の積み重ねを意識しているのです。

3.2　子ども理解から教育活動を計画する、実践する

　小川博久は「保育者としては、遊びの仲間として参加したり、あるいは第三者として観察したりしながら、この遊び過程における幼児の内面を読み取っていく以外に、遊び理解の道はないといわざるをえない」[13]と指摘しています。一つの遊びを観察するにしても、見方は何通りもあります。子どもたち一人一人の感情や背景を考えながら、目の前の子どもの姿を見つめることが大切です。保育者は、子どもが主体的に遊ぶ場面を観察し、そこでの子どもの経験とそこから生まれる学びを見取って、今後の計画を作るための材料としていきます。そのためには、保育者が子どもの遊びに入り込んでみたり、前節で紹介したようなオペレッタやお米作りといった、保育者の意図に基づいた活動を子どもたちの園生活のなかに、無理のないように取り入れたりすることも必要になってくるのです。このように、子どもの姿に基づいて立案された計画は、

子どもの成長、発達を促す機会を見落とさないように可視化して、園全体で共有するためにあります。今すぐではない、1年後、2年後、その先の子どもの姿まで想定して、今の子どもの姿に合った実践を、計画的に積み重ねることが大切なのです。

　本章では、自然や身近な動植物を生かした実践を通して総合的な教育活動としての幼児教育について考えてきました。子どもたちの身の回りから自然がなくなりつつある現代では、幼児期における自然との関わりが重視されています。また、家庭生活のなかでは経験することが難しい自然や身近な動植物と子どもを出会わせる機会をつくることが幼児教育施設の役割として求められています。「自然や身近な動植物に親しみをもつ」というと、豊かな自然環境がないと難しいと考えがちです。しかし、子どもたちが自然や身近な動植物と関わるためには、まず保育者が自然現象に敏感になることが必要です。散歩に出かけた際にアスファルトの隙間から花を咲かせている植物、公園にある木々やそこに生息する生き物、天気や時間とともに変化する空の色、四季の移り変わりなどに気づくこと、それが自然や身近な動植物との関わりを意識した実践を展開していくための第一歩だといえるでしょう。

注

1）井上美智子・無藤 隆・神田浩行編著『むすんでみよう子どもと自然─保育現場での環境教育実践ガイド』北大路書房、2010、pp.6-7

2）活動の総称であるため、「ようちえん」と平仮名の表記になっています。実施主体は、認可幼稚園や認可保育所、認可外の施設、NPO法人など、さまざまです。

3）今村光章編著『森のようちえん─自然のなかで子育てを』解放出版社、2011、p.131

4）同上、pp.131-132

5）あらゆるものに生命・意思があるとする見方。例えば植物に話しかけたり、何にでも目鼻を付けて書いたりするといった行動がアニミズム的思考の表れといえます。

6）工藤直子『のはらうた』（第1巻-第5巻）、童話屋、1984-2008

7）オペレッタとは「小さいオペラ」の意で、日本語では「喜歌劇」と訳されています。劇の進行はセリフで運ばれ、その間に歌が入る構成と定義されています（公益社団法人全国公立文化施設協会「劇場・音楽堂等で働く人のための舞台用語ハンドブック」）。

8）内田幸一『森のようちえんの理論と実践』、2019、p.11

9）稲垣佳世子・波多野誼余夫著・監訳『子どもの概念発達と変化─素朴生物学をめぐって』共立出版、2005

10）同上

11）前掲8）『森のようちえんの理論と実践』、p.12

12）倉橋惣三『幼稚園真諦』フレーベル館、1976、p.21

13）小川博久『保育援助論』生活ジャーナル、2000、p.201

参考文献

秋田喜代美ほか『園庭を豊かな育ちの場に—質向上のためのヒントと事例』ひかりのくに、2019

秋田喜代美『新 保育の心もち—まなざしを問う』ひかりのくに、2019

無藤 隆編『育てたい子どもの姿とこれからの保育—平成30年度施行幼稚園・保育所・認定こども園新要領・指針対応』ぎょうせい、2018

Column

こどもの森幼稚園
（長野県・長野市）

　こどもの森幼稚園は長野市内北部の飯綱高原にあります。標高1,050ｍの森の中にあるため、同じ長野市内でも市街地とは大きく環境が異なり、夏は近くを流れる小川で水遊びをし、冬は雪におおわれた森の中をクロスカントリースキーで自然探索します。野外での遊びや体験が教育活動の大部分を占めているところが特徴的な認可幼稚園です。

　こどもの森幼稚園の教育では独自の工夫がいくつもありますが、その一つに、縦割り保育と年齢別保育を活動に応じて組み込んでいることがあげられます。全体で60人ほどの規模を生かし、普段は異年齢混合で縦割りの２つのグループをつくって生活しています。このような生活のなかで、３歳児が４・５歳児の姿を見て「自分もやってみたい」という気持ちが自然と引き出されています。

　園庭での遊びでも、異年齢の関係が発揮されています。園庭といっても、森を切り開いた起伏のある広場のような場所で、伐採した木の枝が積み上げられています。筆者（請川）が園を訪ねたある日、年長の男の子たちが、これらの枝を使って小屋を作り始めました。野外での遊びを重ねてきた年長の子ともなると、麻紐で枝を結んだり、長い枝をノコギリで切ったりすることもできます。そんな様子を見ていた年中の男の子たちも、自分たちで小屋を作ってみたいと思ったのでしょう。年長児の姿を見ながら、自分たちも小屋づくりに取り組み始めました。まだ年長児ほど上手には進められませんが、先生に手伝ってもらいながら楽しんでいました。

　こういった異年齢で遊ぶ普段の生活に加えて、年長児だけでいろいろなチャレンジをする「あおプロジェクト」という活動があります。年長児クラスが「あお組」なので、このように呼ばれています。この活動では、登山やスキーのほか、年間を通してお米作り（第７章参照）にも取り組みます。お米作りの一場面では、子どもたちで「お米が食べられないように、鳥がこわがるかかし」のアイディアを出し合い、ある年は光るかかしを完成させました。年長児だからこそできる挑戦を通して、子どもたちは達成感や喜びを得ることができています。

＊子どもたちからは、「先生」ではなく愛称で呼ばれています。

（請川滋大／協力：学校法人いいづな学園 こどもの森幼稚園 宮崎温）

第II部
幼児教育の実際

第Ⅱ部　幼児教育の実際

第8章 幼児教育の質の向上
――組織的・計画的な取り組み

　幼児教育の質については以前より議論されていますが、これまでは主に待機児童対策、つまり「量」の問題に重点が置かれてきました。しかし、待機児童数が減少傾向に転じている現在では、**「質」の問題**が主な焦点となってきます。

1 ▶ 幼児教育の質の構造

　皆さんは「幼児教育の質」や「保育の質」と聞いたときに、何を想像するでしょうか。**OECD**（経済協力開発機構）は、**ECEC**（Early Childhood Education and Care：乳幼

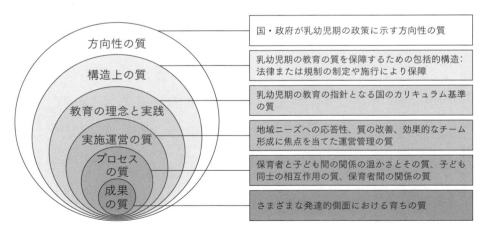

図8-1　ECECの質のさまざまな面
出所：玉川大学ウェブサイト及びOECD編著／星 三和子ほか訳『OECD保育白書―人生の始まりこそ力強く：乳幼児期の教育とケア（ECEC）の国際比較』明石書店、2011、pp.147-148（一部改変）

児期の教育とケア）の質について以下のような概念で説明しています。

　図8-1を見ると、「方向性の質」や「教育の理念と実践」は、国や地方行政のあり方に左右されるものであることがわかります。「構造上の質」は、園に在籍する子どもたちをとりまく物的・人的環境の構造についての層となります。そして「実施運営の質」は、実践を展開していくにあたり、園がどのような運営管理をしているかということになります。この「実施運営の質」のあり方によって、保育者が子どもと関わる「プロセスの質」が大きく左右されそうです。そして、このプロセスが、「成果の質」として子どもの育ちに表れます。

　第8章と第9章では、この構造のうちの実施運営に関わる部分と、それに影響を受ける幼児教育のプロセスの質の関係について論じていきます。プロセスの質を維持・向上させるためには、どのような運営が必要なのでしょうか。園が変わらないとできないこと、保育者独自の工夫でできることとは何でしょうか。

2 ▶ 保育の形態Ⅰ── 一斉保育と遊びを中心とした保育

　皆さんは就学前の子どもの遊び相手をしたことがありますか。例えば3歳の子どもの面倒を見ることになり、1時間、その子の相手をすることを考えてみてください。短い時間でも幼児と関わったことのある人ならわかると思いますが、わずか1時間でもなかなか大変なものです。保育者は多くの子どもたちと、同時に、しかも長時間・長期間にわたって関わります。

2.1　一斉保育の背景

　地域や園によって実態はさまざまですが、保育者の配置基準（p.54参照）について海外の保育関係者に話をすると、しばしば驚かれます。では、なぜ現在のような、大人数の子どもたちを一人の保育者が見るというかたちになったのでしょうか。幼稚園を例にあげると、文部省のもとで学校教育をモデルに幼稚園がつくられたという歴史的経緯があります。このような背景もあり、小学校の形態を模倣して子どもたちを一人ずつ着席させて、保育者が一斉に指示を出すような形態がかつては多く見られました。海外では、例えばアメリカのキンダーガーデン（義務教育の最初の年に相当）や、中国の新疆ウイグル自治区の幼稚園などが近いかたちといえます。[1]学校へ入る準備に価値を置いているため（**スクール・レディネス型**）、保育者の指示を子どもたちがきちんと聞くこと、必要なことを保育者からしっかり伝えることなどが重視されます。

118 | 第Ⅱ部　幼児教育の実際

2.2　遊びを中心とした保育の特徴

　一方、現代の日本では一斉保育を中心とする園は少なくなっており、遊びを通しての指導、主体的な行動を促すような環境構成などが重視されています（第4章、第6章、第7章などを参照）。海外の実践では、スウェーデンやニュージーランドなどの形態と共通する部分が多いといえます（第5章参照）。これらの国でも、生涯に続く学びの基盤として幼児教育が考えられています（**ソーシャル・ペダゴジー型**）。遊びや、子どもたちが考えたり選んだりした活動を中心としており、保育者は子どもたちの活動に合わせて援助をしていきます。子どもたちは好きな場所で過ごしており、皆で集まるのは、例えば絵本の読み聞かせや、散歩で見つけたものを共有するために集まるなどといった場面のみのようでした。子どもたちも保育者も一緒に輪になって何かを話し合う、聞き合うという活動はサークルタイムと呼ばれ、日本でも少しずつ形を変えながら徐々に広まってきています（後述の事例8－1、p.129コラムなど参照）。

3 ▶ 保育の形態 Ⅱ —— 年齢別保育と異年齢保育

　続いて、**学級編制**の特徴や課題などについて見ていきましょう。幼稚園等では**年齢別**に分けて学級編制を行うところと、**異年齢**の子どもたちを1つの学級にしているところの、大きく2つのパターンがあります。一般的に、前者を「横割り」、後者を「縦割り」と呼びます。この横割りと縦割りには、それぞれに長所も課題もあると考えられます。

3.1　年齢別の学級編制（横割り）の特徴

　横割りは、同年齢の子どもたちで学級を編制するため、多くの小学校と同じ形態になります。この場合、心身の発達状況が近い子どもたちの集団になるため、協同性の高い活動に取り組みやすいという特徴があります。例えばドッジボールを楽しむためには、ボールを投げる・受けとめる・よけるなどの動作ができること、ルールを理解できることなどが必要です。

　もし3歳から5歳までの異年齢混合学級でドッジボールをやろうとした場合、子どもたちの発達の違いがあるため、安全かつのびのびと楽しむことは難しくなります。5歳のドッジボールが得意な子どもたちは、3歳の子どもたちに相当手加減をしないとゲームが成り立ちません。こうなると、5歳児は思いきり動くことができずつまらないし、3歳児は怖がってしまうといった事態が起こりかねません。

　やはり、こういったある種の技能を要する遊びは、技能のレベルの近い子ども同士の方が夢中になって取り組むことができそうです。通常のルールのドッジボールは5歳児で行い、3歳児には「入門」として転がしドッジボールから始めてみるなど、ルールを工夫していくとよいでしょう。

3.2 異年齢混合の学級編制（縦割り）の特徴

　縦割りの場合は、異なる年齢の子どもたちが同じ学級内にいるので、年上の子どもたちが年下の子どもたちを手伝う機会が多くなります。きょうだいが少ない現代においては弟や妹がいない子どもたちも多くいますが、縦割りのクラスでは小さな子に配慮しながら遊ぶ様子がよく見られ、園生活のなかで疑似的なきょうだい関係が築かれています。幼い子をいたわる感情が自然と育っていくようです。

　一方、3歳児など小さな子にとって、5歳児がいる環境とは、遊びや生活のよいモデルが近くにいるということです。遊びをまねしてみたり、やってみたいことを手伝ってもらったりすることがよい学びの場になります（**模倣学習**）。

　ある園では、入園直後の3歳児を5歳児が手伝っています。靴の置き場がわからない、帽子をかけるロッカーが見当たらないなど、園生活に慣れるまで不安の大きい3歳児に対して、5歳児が上手にサポートをしていきます。保育者が声をかけると甘えたい気持ちが出るのか、さらに泣いてしまうような子も、5歳児からの声かけには泣かずにうなずきながら手伝ってもらっていました。このような経験をした3歳児が、2年後、今度はお世話をする立場になり、丁寧に小さな子たちに関わっています。3歳のころ、自分がお世話してもらったことがどこかに残っているのでしょう。

120 | 第Ⅱ部 幼児教育の実際

3.3 横割りと縦割りのよさを生かす

縦割りと横割りの学級編制で期待できる育ちをそれぞれ見てきましたが、一方で注意すべき点もあげられます（表8-1）。

表8-1 学級編制のそれぞれの特徴

	期待できる育ち	注意点や課題
横割り（年齢別）	・同年齢の子どもの集団のため、遊びや活動が共有しやすい。 ・協同性の高い遊びにおいて、互いの力を発揮しやすい。	・異年齢同士の交流は増えにくい。 ・一斉に行う活動計画などが立てやすいため、保育者主導の活動になっていないか注意が必要。
縦割り（異年齢混合）	・生活のなかで、年齢の高い子どもが小さな子どものお世話をしたり、一緒に遊んだりする姿が見られる。 ・低年齢の子どもにとっては見て学ぶ機会が増える。	・発達の違いにより、同じ活動には取り組みにくい。 ・安全面への配慮など、環境構成や活動計画にきめ細かい検討が必要。

上記のような課題を解消するために工夫している園もあります。以下は、第7章でも紹介した、こどもの森幼稚園（長野市）での事例です。活動のねらいと保育形態の特性を踏まえた実践例といえます。

事例8-1　自分も「ニュース」を伝えてみたい

こどもの森幼稚園には、全体で約60人の子どもたちが通っています。縦割りクラスは、子どもたちを「おはな」と「ことり」の2つのグループに分けて編制しており、例えば朝の集まりなどは縦割りクラスごとに行っています。このクラスでは、年少児や年中児にとって年長児がよいモデルになります。朝の集まりには「ニュースの時間」があり、そこでは自分が発見したものや作ったものなど、皆に紹介したいものを前に出て発表します。自分のニュースを話している4・5歳児の姿を見て、3歳児も「やってみたい！」と思うのでしょう。まだ上手に話せない子も、前に出てニュースを発表している姿が見られます。

一方で、おおむね週に1度、年長児のクラス「あお組」で行う「あおプロジェクト」があります。これは年長児だけで取り組む活動で、クロスカントリースキーやゲレンデスキーに挑戦したりします。年長児が力を存分に発揮して、

少し難しいことに取り組んでみる場となっています。

　好きな遊びの時間だけは異年齢が混ざって過ごすという園は多く、その遊びの時間に交流が期待されるかもしれません。しかし、事例のように普段から互いの顔がわかっている方が、積極的な交流が常に生まれるのではないでしょうか。規模の大きな園だと同年齢の子どもたちで遊ぶことが多くなりますし、さらには、安心して遊べるようにと、年齢に応じて遊びの場を分けている園もあります。これも安心・安全に遊ぶ方法の一つですが、子どもが経験の幅を広げられるように環境を整えたり見直したりすることも大切でしょう。

4 ▶ 実施運営の質を考えるⅠ
　　──多様なニーズに応じた開園時間と実践の工夫

4.1　園で過ごす時間の長時間化・多様化

　幼稚園には**教育課程**があり、教育課程に基づいて行う教育時間については、4時間を標準とすると定められています（第3章表3-1・第9章第1節など参照）。この教育の時間帯を「教育課程に係る教育時間」と呼びます。

　実際には、4時間で全員が降園する幼稚園はほとんどありません。教育課程に係る教育時間の後には、いわゆる**預かり保育**（教育課程に係る教育時間の終了後等に行う教育活動など）が実施されており、公立幼稚園と私立幼稚園を合わせると、約9割の幼稚園で預かり保育を行っていることになります[2]。

　また、午後だけでなく、登園時間よりも早くから子どもを預かる「朝の預かり保育」を行っている園もあります。このような幼稚園や認定こども園には、短時間で帰る子どもたちと、長時間園で過ごす子どもたちがいるため、生活の工夫が必要です。

122 | 第Ⅱ部　幼児教育の実際

> **事例8－2**　「さようなら」のあとに
>
> 　この幼稚園では、以前は多くの子どもたちが同じ時間に降園していたので、皆で帰りの会を行い「さようなら」の挨拶をするのが通常でした。預かり保育で園に残る子どもが少人数だったため、預かり保育担当の教諭が各クラスまで迎えに行ったり、預かり保育の部屋の前で待っていて子どもたちを「お帰り」と出迎えたりと、温かい雰囲気で過ごせる工夫をしてきました。
>
> 　現在は預かり保育の利用が増えており、先に帰る子どもたちが「園に残って遊びたい」と思うこともしばしばあるようです。

　認定こども園でも、長時間利用（2号認定）の子どもと預かり保育を利用する1号認定の子どもが多い場合などに、上記のような場面が出てきます。

　子どもたちが園で過ごす時間は多様化しています。このような状況で、遊びや活動が中断される場合にどうするのか、教育課程に係る教育時間の学級編制と、預かり保育のときの集団はどう考えるべきかという新たな課題も生じています。

4.2　短時間・長時間の学級編制の工夫

　幼稚園での教育課程に係る教育時間においては、本章の第3節で記したように年齢別（同年齢）と異年齢混合の学級編制が考えられます。預かり保育の時間についても、どのような環境がよいのか検討する必要があります。

　預かり保育を利用する子どもが多い園では、年齢別にクラスやグループをつくり、年長・年中・年少がそれぞれ同年齢で過ごしているところもあるでしょう。

　一方、預かり保育を利用する子どもがそれほど多くない園や、教育課程の時間とは違う子どもたち同士で過ごせるようにと考える園では、預かりの時間帯を異年齢、つまり縦割りの集団にしていることがあります。教育課程に係る時間帯は同年齢なので、教育課程外の時間は異年齢で過ごすというねらいがあるのです。かつては園や学校から帰ったあと、地域の子どもたちが集まって過ごすことが多く見られました。このような経験を、園で保障していくことも重要なのです。

4.3 地域の子どもたちと園児との関わり

保育所では、小学生を対象にした**放課後児童クラブ（放課後児童健全育成事業／学童保育）**を園内で行っていることがあります。筆者がそのような公立保育所を見学させてもらったとき、小学生と保育所の子どもたちが一緒に「かごめかごめ」をしていました。小学生が小さな子たちを上手に支えながら遊ぶ様子は、一昔前の地域の子どもの姿を見るような思いがしました。

地域によって事情は異なりますが、上記の保育所の近隣では、学童保育の実施場所が不足している一方で、保育所のスペースには余裕が出てきていました。そのような事情から生まれた保育所内での学童保育ですが、子どもたちの姿を見ると、意図的にこういった異年齢の子が交流する場を設ける意義が見いだされます。

長時間を園で過ごすということは、さまざまな経験ができる機会でもあります。園生活のなかでどういった経験につなげていけるかどうかが、子どもの発達に大きく影響していきます。

園生活を豊かにするためには、時間の使い方や、集団の編制の仕方、場所の配置、担当者の割り当てなどを工夫することが重要です。これらの要素が、子どもたちの実態や保育者のねらいなどに即してうまく組み合わさっていくと、子どもたちの生活や教育環境はより豊かなものになっていきます。現代においては、預かり保育の時間を「おまけ」のように捉えるのではなく、子どもたちをよく見て内容を検討し、豊かな経験を保障する必要があるでしょう。

4.4 長期休みの有無と子どもたちの生活

前述してきたように、保育利用の「認定」区分によって、子どもたちが園で過ごす時間はさまざまです。ここでは、認定こども園の夏休みの一場面を見てみましょう。

認定こども園では、夏期に長い休みがある1号認定の子どもたちと、長い休みをとらない2号認定の子どもたちが、同じ学級内にいます。1号認定の子どもが多い場合は、夏の間、いつもより少ない人数の子どもで過ごすことになります。このように、異なる園生活を送る子どもたちにはどういった配慮ができるでしょうか。事例8−3で、子どもたちが経験したことを考えてみてください。

> **事例8−3　少人数でできることを楽しもう**
>
> 　向山こども園（p.147参照）では、1号認定の子どもたちが夏休みで登園しない間、2号認定の子どもたちが寂しい思いをしないように何ができるだろうかと教職員間で話し合いました。「全体の人数が少ないからこそ、2号認定の子どもたちと一緒に、普段できないことに取り組んでみよう」という方針がまとまりました。
>
> 　夏の間も毎日登園する子どもたちから、「『ぐりとぐら』に出てくる大きなパンケーキ（カステラ）を食べてみたい」という話が出てきました。普段なら難しいけれど、今の人数なら、『ぐりとぐら』と同じように火を起こして焼いてみることもできそうです。皆で園庭に火をおこして作ってみることになりました。
>
> 　憧れの、ふっくらと大きなパンケーキにするためには生地の量も多くなります。直火で焼くのはなかなか難しく簡単にはいきませんでしたが、大きなパンケーキを作って食べたことに、子どもたちはとても満足したようです。
>
> 　夏の終わりには、「キャンプへ行った」「おばあちゃんの家に行ってきた」などの話とともに、「みんなで、大きなパンケーキをつくった！」という思い出も共有されました。

　人数が少ないからこそできる特別な活動というのは、子どもたちにとっても保育者にとってもおもしろい取り組みです。いつもの園で、いつもと違う体験ができ、子どもたちも「特別な夏」を味わったことでしょう。現在は多くの認定こども園で2号認定の子どもたちの割合が増えてきているため、事例のような少人数での保育を行う場面は少なくなっていますが、園庭を使った大規模な水遊びなどは夏の保育ならではの楽しみでしょう。

5 ▶ 実施運営の質を考える II
── 勤務環境の改善から質の向上へ

　前節でふれたように、各家庭や子どもたちの状況は多様化しています。そのようななかで実践の質を向上させていくためには、仕事の量と時間を適切に管理することが大きな柱になるでしょう。実践をよりよくしていくために多くのことを実現したくても、時間には限りがあるからです。

　仕事の全体量を管理することと、その仕事をするための時間を確保することの2点から考えてみましょう。

5.1　仕事の全体量の管理

　まず仕事の量を管理することから考えてみましょう。現在、保育者が行っている仕事、期待されている仕事の量はとても多くなっています。各業務を精査し、「やめる」「減らす」「分ける」などの方策を検討して全体量を調整する必要があります。

やめる

　毎月のように何らかの行事を行っている園や、行事の準備が活動の中心になっている園があります。本来、園での行事は、子どもたちにとっての意味をよく検討し、園生活にメリハリをつけるために展開していくものです。行事が中心になっているような園では、行事を通した経験の意味をあらためて検討し、実施するものを絞るという判断も重要になってきます。

　ある園では、毎年行っていた音楽発表会をやめたことによって、歌や楽器の練習をする時間が大幅に削減され、子どもたちが好きな遊びをする時間が多くなりました。もし、遊びのなかで音に興味をもった子どもたちが現れ、「皆の前で発表したい」という思いが出てくれば、そのときに発表会を企画すればよいでしょう。子どもの姿と関係なく「発表会をしなければ」と考える必要はありません。ただ、もし保護者が恒例の行事を楽しみにしているなどの事情があれば、園全体でよく検討し、実践全体の意図を丁寧に説明したうえで変更していくことが必要です。

減らす

　園から配布する「おたより」を例に考えてみましょう。ある園では、園だよりとクラスだよりを作成し、ドキュメンテーション（第9章参照）に取り組んでいるため記

録を園内に掲示し、ポートフォリオ（後述）を作って子どもの作品や記録を蓄積しています。園の先生方は熱心ですから、実践を改善していくためによさそうな取り組みであれば「自分たちの園でも取り入れよう」と考えますが、業務を増やした分、他の業務を調整しなければ、全体の仕事量は増えるばかりです。

　昨今進められている取り組みの一例に、園だよりなどの保護者宛の配布物はICTを活用して配信し、印刷物の配布は取りやめるというものがあります。印刷する手間や、一人一人に持ち帰ってもらうという工程を減らすことができます。配信の利点はそれだけでなく、例えば、外国につながる子の保護者で日本語に習熟していない場合でも、データであれば文書をそのまま自動翻訳にかけて内容を把握することができます。ただし、伝達内容に応じて、保護者に必ず目を通してほしい情報の場合は配信に加えて紙でも配布する、口頭でも説明するなど、工夫が必要でしょう。

分ける

　最初に述べたように、時間には限りがあります。どこかを割り切って、仕事を分けていくことも重要です。例えば、掃除は子どもたちの遊びを振り返るよい機会になるのも確かですが、保育者以外の人に担ってもらうことができれば、保育者はその時間を記録の作成や、振り返りや打ち合わせの会議（**カンファレンス**）などに充てることができます。

　中学校の例ですが、文部科学省は2017（平成29）年に部活動指導員制度を制定しており、部活の指導を外部委託することで教員の負担を減らそうと努めています。委託に伴うさまざまな課題も指摘・検討されていますが、従来の仕事の一部を委託することによって、教員の過重労働を解決していこうという政策です。

　幼児教育に置き換えて考えるとどうでしょうか。外部委託ができそうなこと、保育者が行う方がよいことがあるでしょう。そのような点を見極めつつ、実践の質を向上させるという目的を見失わず、保育者の仕事や働き方を見直すことがこれからの幼児教育にとっては大きな課題です[3]。

5.2　仕事の時間の確保

　第9章で後述しますが、幼児教育の質の向上のためには、記録や計画の作成、実践の改善のためのカンファレンスなどが重要です。しかし、その時間をとるのが難しいという現状があります。

　幼稚園の場合、現在はほとんどの園で預かり保育を行っています。一般的に、教育

課程に係る教育時間の担当者と、預かり保育の担当者を分けているところが多いようですが、クラスを担任している保育者も交替で預かり保育を担当しているケースも聞かれます。降園後に記録や計画の作成、カンファレンスを行うことが難しいとなると、幼児教育の質を保ち向上させるための時間の確保ができていないということです。第5章でもふれた**ノンコンタクトタイム**をいかに生み出せるかということが、非常に重要なポイントとなります。

　ノンコンタクトタイムの確保のために、さらに工夫が必要なのが保育所です。幼稚園の場合、例えば預かり保育を専任とする保育者がいれば、クラス担任の保育者は降園後にノンコンタクトタイムをつくることが可能になります。一方保育所では子どもたちが長時間過ごすため、一般的に、保育者はシフト制で勤務しています。早番、遅番など勤務時間が異なるので、全員でのカンファレンスを実施しにくいのが課題でした。また、食事や午睡の時間などを含め、子どもたちと直接関わっている時間が長く、いったん子どもから離れて実践を振り返る時間がなかなか確保できないという問題もあります。

　全国私立保育園連盟による「ノンコンタクトタイム調査報告書」（2019年）では、一日8時間の通常勤務のなかで直接子どもと関わらない時間がどれくらいあるかを報告しています。0分が39.2%、20分未満が21.3%という結果となっており、全体の6割は20分未満のノンコンタクトタイムしか取れていないことがわかります。

　ではこのような勤務状況のなかで、いつ記録を書いたり、計画を立てたりしているのでしょうか。多くの園では、子どもたちの午睡の時間に薄暗い部屋で作業を行った

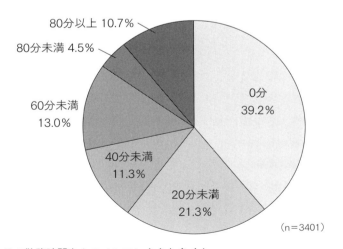

図8-2　一日の勤務時間なかのノンコンタクトタイム
出所：全国私立保育園連盟「ノンコンタクトタイム調査報告書」、2019

128 | 第Ⅱ部　幼児教育の実際

り、休憩時間を使って書いたりしています。本来、午睡中は子どもたちの様子をしっかりと確認しなくてはなりませんし、休憩時間にはきちんと休んで疲れをとることが必要です。では、ノンコンタクトタイムを導入している園では、どのような工夫によって時間を確保しているのでしょうか。

　ある保育所のA園では、子どもたちに対する理解を深め、それを保護者にも伝えるために**ポートフォリオ**（個人別の成長の記録）の作成をしています。どの子についても1か月に1枚の写真記録を作って保管しているため、もし子どもが20人いれば、毎月20人分の作成が必要ということです。このような記録の作成を、いつ行えばよいかということが問題となります。

　A園ではパートタイムの保育士を多く雇用しているため、午睡の時間をパートタイムの保育士に任せることが可能になっており、担任をしているフルタイムの保育士は午睡の時間をノンコンタクトタイムとしています。このような体制のため、集中してポートフォリオを作成したり、カンファレンスを行ったりすることができています。5歳児など大きな子たちの場合、午睡をとる子もとらない子もいますが、眠らずに遊んでいる子たちへの対応もパートタイムの保育士が担っています。このような体制により、少なくとも毎日1時間はノンコンタクトタイムを確保できるようになりました。

　開園時間の長時間化やニーズの多様化に伴い、カンファレンスや教材準備のための時間の確保は、施設の種別にかかわらず難しくなっています。しかし、幼児教育の質の向上のためにも、保育者の働く環境の改善のためにも、ノンコンタクトタイムの導入のような工夫が必要です。これからの日本の幼児教育を考えていくうえでの大きな課題といえます。

注
　1）筆者が見てきた実践を例にあげました。キンダーガーデンは小学校付設で、5歳の
　　　子どもたちが9月から入ります。
　2）文部科学省「幼児教育実態調査」
　3）「ノンコンタクトタイム調査報告書」（全国私立保育園連盟、2019）では、「保育士・保
　　　育教諭の職務として必要だと思うもの」などの質問への回答も参照できます。

幼保連携型認定こども園愛泉こども園
(新潟県・新潟市)

新潟市にある愛泉こども園は、キリスト教保育を行う私立の幼保連携型認定こども園です。普段から子どもたちの遊びを大切にしている園で、子どもたちは思い思いの活動に取り組んでいます。また園内にアトリエがあることも特徴的で、そこには美術を学んだアトリエリスタと呼ばれる芸術士がいます。子どもたちはアトリエでアトリエリスタと話をしたり、素材の使い方を相談したりしています。

さて、こちらの愛泉こども園には、「サークルタイム」という集まりの時間があります。このサークルタイムは毎日行うわけではなく、子どもたちの遊びや活動のなかでクラスの皆に相談したいことが出てくると不定期に開かれるものです。クラス全員が1つの大きな輪になって話し合うのでサークルタイムと呼ばれています。

筆者(請川)が園を訪れたある日、年長クラスでのサークルタイムでは、女の子たちからケーキ屋さんを作るための相談が持ちかけられました。彼女たちはケーキ作りを行っていたのですが、ケーキがたくさんできたのでそれを売りたいようです。相談の内容は「ケーキ屋さんみたいな入れ物(ショーケース)を作りたいけど、何で作ったらいいか困っている」ということでした。

ある男の子が、「ダンボールで作ったらいい」という提案をしました。ケーキ屋をしたい女の子は、「ダンボールだと中が見えない…」と応じています。「箱の上からのぞいたら見えるよ」という意見も出ますが、「それだとケーキ屋さんの入れ物と違う」と言うのです。「ケーキ屋さんのは、お客さんが向こうからケーキを見て、『これ下さい』って言ったら、お店の人が『はい』ってこっちから出すの」。つまり、実際の店舗で見かけるような透明のショーケースにして、お客さん側からも店員側からも見えるようにしたいということなのです。すると別の子が、「じゃあ、ダンボールで箱を作って、そこにラップを貼ったら?」という提案をしたのですが、その作り方だと店員がケーキを取り出せないということが問題になりました。

その後もしばらく意見交換が続き、最終的には、ダンボールでショーケースの枠を作り、そこにラップを貼った引き戸を作ってみるというアイディアに落ち着きました。ここまで20分近く子どもたちの話し合いが行われていたのです。年長児とはいえ、自分が直接関わっているわけではない遊びの相談事に対して、これほど皆がアイディアを出し合い、そして最もよい方法を見つけようとしている姿に大変驚かされました。クラス内で起こっている問題を皆が共有し、それを自分のことのように真剣に考える経験から、自然と「学びへ向かう力」や「人間性」が育まれるのではないかと感じた場面です。

(請川滋大／協力:学校法人恵愛学園 幼保連携型認定こども園愛泉こども園 中村知嗣)

130 | 第Ⅱ部　幼児教育の実際

第9章
幼児教育における子ども理解と記録・評価・計画

　保育者は子どもの集団と関わっています。集団として捉えながら、子どもたち一人一人がどのような状態でいるかを把握しなくてはなりません。さらに、各々の子どもに必要な個別対応も求められますので、とても難しいことを任されているといえます。しかし、その難しさや、必要とされる専門性は、一般的にはあまり理解されていないかもしれません。保育者の仕事を、「子どもを相手に遊んでいればよい」と思っている人たちもいることでしょう。

　この章では、幼児教育のカリキュラムの考え方や、集団のなかで子どもたちを理解する視点や方法について学びます。実践の記録の意義や評価・計画の考え方を知ることは、保育者の専門性について考えることにもつながります。

1 ▶ 幼児教育のカリキュラム

1.1　幼児教育のカリキュラムの枠組み

　カリキュラムとは、和訳すると**「教育課程」**といい、幼稚園を含めた学校が作成する教育計画全体を指します。カリキュラム（curriculum）の語源はラテン語のcurrere（クレーレ）で、これは「走る」を意味する言葉です。このcurrereから、英語のcurrent（流れ）やcourse（コース、進路）という単語もできました。カリキュラムという言葉が教育の分野で使われるようになったのは16世紀の頃で、その後「学校における学びの道筋」を表すものとして定着しました。[1]

　では幼児教育の学びの道筋はというと、これまでの章で見てきたように、**遊びを通**

第9章　幼児教育における子ども理解と記録・評価・計画 | 131

しての指導を中心としてねらいを**総合的**に達成していきます。全員に同じ教材を与えて同じ経験をさせるのではなく、子どもが自ら環境に関わっていくなかで経験することを重視しています。このような実践を行い、実践の質を向上させていくために、就学前施設では以下のようなカリキュラム・マネジメントが求められています。

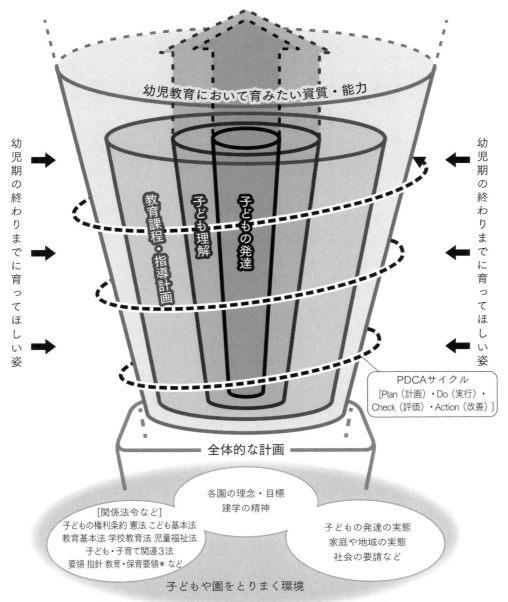

＊「幼稚園教育要領」「保育所保育指針」「幼保連携型認定こども園教育・保育要領」及び解説

図9－1　就学前施設におけるカリキュラム・マネジメントの全体像
出所：文部科学省「幼児の思いをつなぐ指導計画の作成と保育の展開」、2021、p.28の図1をもとに作成

1.2 カリキュラム・マネジメント

近年、教育現場で重視されるようになった**カリキュラム・マネジメント**とは、カリキュラムを学校内で適切に管理運営（マネジメント）していくことを指します。適切に管理運営するとは、「計画に絶対に従う」という意味ではありません。幼稚園教育要領の第1章総則第3「教育課程の役割と編成等」に、以下のようなカリキュラム・マネジメントについての記載があります。

> 各幼稚園においては、（中略）全体的な計画にも留意しながら、「幼児期の終わりまでに育ってほしい姿」を踏まえ教育課程を編成すること、教育課程の実施状況を評価してその改善を図っていくこと、教育課程の実施に必要な人的又は物的な体制を確保するとともにその改善を図っていくことなどを通して、教育課程に基づき組織的かつ計画的に各幼稚園の教育活動の質の向上を図っていくこと

上記の事柄が達成されるよう幼稚園は努めていかなくてはならないと記されています。つまり、教育課程や計画は単に編成すればよいということではなく、その実施状況の評価や改善、カリキュラム実施のために必要な人的・物的な体制を確保することなどを行いながら、実際に運用・改善することまでを見据えていかなくてはなりません。

カリキュラム・マネジメントは、幼稚園だけでなく、現在の学校教育すべてに共通するキーワードとなっています。教育現場は以前よりも多忙化しており、教育の質の向上のためにカリキュラムを精査することや、カリキュラムを実現するために教員同士が話し合う時間を確保すること自体が難しくなってきているため、どう管理運営するかという問題が大きくなってきたことが背景にあります。

2 ▶ 子ども理解と記録

2.1 子ども理解の意義

　図9−1に示したように、カリキュラム・マネジメントにおいては**子ども理解**が基盤となります。まず子ども理解と記録の関係について見ていきましょう。

　3歳未満児は、月齢による発達の個人差を特に考慮しなくてはなりません。同じ1歳児でも、4月生まれと3月生まれでは約1年の差がありますから、一律に考えるのではなく、その子の普段の生活から発達の様子を捉えてそれぞれに適した関わりが必要になってきます。授乳や食事の量、生活リズムなども個人差が大きく、遊びのなかでやりたいことやできることにもさまざまな違いが見られます。そのため、3歳未満の時期は一人一人を丁寧に捉えるということに力を入れています。

　一方、3歳を過ぎた頃になると、少しずつ友達と関わりながら遊べるようになってきます。そのため、小集団のなかでどのような姿を見せるかということが、子ども理解を進めるうえでの大きなヒントになります。個人に焦点を合わせて子どもを見るのと同時に、集団内での様子を見ながらその子の理解を深めたり、集団そのものの遊びがどう変化していくのかを捉えたりする視点が必要です。

　このようなさまざまな年齢の子どもを丁寧に理解していくためには、子どもを見るということだけでなく、日々の記録を積み重ねていくことが欠かせません。頭の中で「あの子はこういう子だな」と思っていても、子どもは毎日発達していきますので、その様子は日々変わっていきます。ある時点での子どもの姿を記録しておかないと、振り返りがとても困難になります。

2.2 記録の目的と形式

　家庭では育児日記として子どもの様子を記録している場合もあるでしょう。小学校には小学校児童指導要録があり、これは、各児童の学習の状況を1年ごとにまとめて、指導に役立てるものです。出欠回数などの基本的な事項と、教科の理解度や総合的な所見などを記録するため、普段の子どもたちの様子を把握し何らかのかたちで記録しておく必要があります。

　幼稚園や保育所などにも同様に要録がありますが（詳しくは第12章参照）、小学校と異なり、テストによって教科の理解度を測ることはないため、5領域や「10の姿」などの視点を活用しつつ、子どもたちのことを捉える必要があります。そのもっとも

134 | 第Ⅱ部　幼児教育の実際

教育実習の記録

実習生氏名　　○○○○　　　　　指導教諭　　○○○○教諭

実習日	6月1日火曜日 天候（晴）	実習クラス	すみれ組 3歳児（男児6名、女児10名）

今日のねらい・観察の視点

・視野を広く持ち、様々な遊びを観察援助すると共に、目の前の物事以外にも意識を持っておく。
・部分実習では、全体を見て、子どもたちとのやりとりであることを意識して動く。

時間	子どもの活動	環境構成・保育者の援助	実習生の動き・気づき
8:50	○順次登園、好きな遊び ・主な遊び →ままごと、電車、ウレタン積み木（道、家ごっこ） →フロアカー、砂場、ツマグロヒョウモンの幼虫観察、水遊び（じょうろで水やり）、虫探し	○環境構成 ロッカー　電車　ピアノ　ままごと 水場　ウレタン スズランテープや紙の筒など	・一人でじっとしていることも多かったJくんだが、フロアカーで他の子のことを追ったり、幼虫を一緒に覗き込んだりと、徐々に友だちとの関わりも増えてきているように感じた。
	・水遊び中に服が濡れて、着替えたがる子もいた。	・着替えてからも水遊びを続けるなら、再び濡れる可能性があることを考慮して判断する。	・子どもがどうしても着替えたい様子だったので着替えを手伝ったが、子どもの要望をただ聞き入れるばかりではなく、その後の子どもの動きまで予想した援助が必要なのだと学んだ。
	・虫かごに入っている昨日Rくんが見つけた幼虫を、5人ほどで囲んで観察していた。餌となる葉を新しくしていた。	・触り過ぎると弱ってしまうと伝えていた。	・昨日はRくんが他の子どもには見せたり触らせたりしたくないといった様子もあったため、要因はわからないが、成長なのではと思った。
	・植木鉢へじょうろを使って水やりをする。		・「たくさんあげすぎると花もお腹がいっぱいになるから、他の鉢にもあげてね」と伝えた。
	・H.Iちゃんがパンチをしたため、お家ごっこに入ってほしくないというH.Tちゃんと入りたいH.Iちゃんとの間でいざこざになる場面があった。	・2人を呼んでそれぞれの主張を聞こうとする姿勢で関わり、「2人自身は良い子だが、パンチしたり強く言ったりしてしまった手や口が悪いため、もう同じことはしないように言っておいて」といったことを伝えていた。	・H.Tちゃんの主張を聞いた後、自分で何が嫌だったかH.Iちゃんに伝えるよう促すと共に、H.Iちゃんの主張も聞こうとしたが、互いに背を向けてしまっていてうまくいかなかった。まずはお互いに話せる場と雰囲気を作ることが大切であり、「あなたの全てが悪いわけではない」という伝え方もあるのだと学んだ。
10:30頃	・紙を丸めて作った棒やスズランテープに興味を持ち、棒を束にしたりスズランテープを宙に漂わせて楽しむ子がいた。	・この時期では、まだ目がいかない子もいるが、さりげなく棚に置いていた。スズランテープのみではすぐに捨てられてしまう恐れがあると考え、棒と組み合わせたとのこと。	・子どもがいつ興味を持つかはわからないため、いつでも取り出せるよう、新しい素材や使えそうなものを置いておくこと、またその素材がより魅力的になるよう考えて援助することが大切なのだと学んだ。

図9-2　実習日誌（教育実習）の形式例

基本的なツールになるのが、子どもたちの様子を記した記録なのです。

　では、具体的に記録はどのように記されているのでしょうか。皆さんがまず出会うことになる記録が、おそらく**実習日誌**でしょう。日誌の形式は少しずつ異なりますが、一例として図9-2を参照してください。

第9章 幼児教育における子ども理解と記録・評価・計画 | 135

時刻	活動・子どもの姿	実習生や保育者の援助	反省・評価
11:05	○片付け・排泄		
11:15頃	○ラーメン体操 ・ラーメン体操の曲に合わせて、保育者の動きを見ながら、全体または一部を真似て体を動かす。	・自ら楽しそうに見せながら動く。 ・子どもの要望も受けて、繰り返し行う。 （1回目は排泄から戻るのを待ちながら、2回目は全員が戻ったことを確認してから）	・初めは数人だったが、楽しそうな雰囲気に引かれてか、回数を重ねるごとに参加する人数が増えていった。麺をすする動作のみをしている子もいて、擬音語（ツルツル）であることや日常で行う動作であることから、わかりやすく真似しやすいためではないかと考えた。
	○パネルシアター「くまさんくまさん」 「まあるい たまご」 ・くまの動きに合わせて体を動かす。	・準備の間、一度子どもたちを座らせて、くまの様子を活かして、再び立つように動かす。	・動きを真似るという点ではラーメン体操とも共通しているが、真似る対象が絵になるというだけでも違った面白さや親しみがあって楽しめるのではと思った。
	・前に出てパネルや絵に触ろうとする子、パネルの裏が気になって見ようとする子もいた。	・「まあるい たまご」では、親の絵は後ろから徐々に出す、近くの子ども園から逃げたカメの話をする、ヘビはパネルの上を這わせて動きを表現するなど工夫していた。	・親の絵をゆっくり出すことで、子どもたちは期待感を持って引きつけられるのではと思い、緩急を使いわけることも大切なのだと学んだ。
11:20	○排泄・昼食準備 順次好きな遊び（Bブロック）	・子どもたちに声をかけながら、テーブルと離れている子の椅子を動かし詰める。	
12:25	○片付け ・片付け後、一度全員で集まりごちそうさまの挨拶をする。		
	○戸外遊び ・スズランテープのスティックを風にそよがせて「こいのぼりみたい」と言う子がいた。		・スズランテープのスティックを、室内だけでなく戸外でも使うことで、風をそよぐことに気づくなど新たな気づきにつながると学んだ。
13:00	○帰りの支度（部分実習） ・個別に声をかけてしまったことで、初めに声をかけた子たちを戸惑わせてしまった。	〈保育者のご助言〉 ・片付けの声かけが早すぎても、早くに準備が終わった子が動いたり押し合ったりして怪我の恐れもある。時間の目安だけでなく、子どもの集まり具合によっても手遊びの開始のタイミングを変える。	・一度全体へ支度を始めるよう声をかけてから、個別に移るようにすべきだったと反省した。
	（反省・課題や指導教諭の欄などが入る）		

　この実習日誌は毎日書くものなので、一日の活動の流れ、環境、子どもの姿、実習生や保育者の援助を記載し、さらにその日の実習で印象に残ったことをエピソード形式で書いていきます。この記録によって、実習に入ったクラスの一日の様子を忘れないようにしておくわけです。そして、記録（日誌）をもとにして部分実習や責任実習

の計画を立てることになります。

　ただし、何時に何をしたかといったような一日の流ればかりに気を取られて記録をしていると、子どもたちの姿が見えてきません。計画を立てることを想定しながら、あとでこの記録（日誌）を見たときに子どもたちの姿が思い浮かべられるように書いておくことがポイントとなります。

　実習日誌は、限られた期間のなかで実習生に多くのことを学び取ってもらうための形式となっています。実際に勤務している保育者が書いている記録は、多くの場合、実習日誌とは異なります。

　例えばパソコンなどを使いながら毎日記録を書く園もあれば、毎日の記録自体は個人に任せつつ定期的にクラスや子どもたちの様子を記した記録を提出し管理している園もあります。あるいは、定期的に書く記録と、保護者に提示する記録（子どもたちの様子を記したドキュメンテーションなど）を兼ねている園もあり、方針はさまざまです（図9-3〜図9-5）。

2024年9月26日（月）晴れ ○○組「優しさでほぐれる心」

　園庭にて、お料理をしようとそれぞれが器や調理器具を持ってきていました。Aちゃんも張り切ってお皿を並べます。しかし、使えると思っていた調理器具が実は友だちが使っていたもので使えないことがわかると、「もう！やだ！」と背を向けてしまいました。すると、BちゃんがAちゃんのところに来て「これならあるよ」と優しく声をかけてくれます。AちゃんはチラッとBちゃんの方を見ますが立ち止まったままです。「じゃあ、こうやっておべんとうばこにいれるのはどう？」とさらにBちゃんが声をかけると、すっとAちゃんの身体が動き出し一緒にチョコレート作りが始まりました。心がぐっと固まってしまったとき、安心する誰かにこんなふうに声をかけられたら自然と心がほぐれるのだなと思った瞬間でした。友だちに温かく接するということはこのような経験がつながって育まれていくのかなと感じます。

図9-3　ドキュメンテーション型の記録例①
*毎日作成している記録の一例で、このまま保護者にも配信しています。
（協力：風の丘めぐみ保育園／本書掲載にあたり、子どもの名前の表記を変更）

第9章　幼児教育における子ども理解と記録・評価・計画　│　137

　ここでは、実際に園で行っている日常的な記録の例を紹介します。野中こども園（p.41参照）の記録にはいくつかのタイプがあるのですが、1年目の保育者が書く**日誌**と、2週間分の**週日案**にエピソードを描き込んでいく記録の2種類を取り上げて見ていきます。

　まず1年目の保育者が書く日誌についてです（図9−4／日誌の一部を抜粋して掲載）。こちらは毎日書くことを想定している形式なので、記述の量が多くなりすぎないようにバランスを考えて枠組みをつくりながらも、子どもの姿を捉えていくポイントを押さえたかたちになっています。実習日誌によく見られるような、一日の流れを書く時系列型の形式ではなく、印象に残ったエピソードを書き、そこから子ども理解を深めていくという**エピソード記録**を中心とした日誌になっているのが特徴的です。そのエピソードをわかりやすくまとめるため、4つのWと1つのHの枠が設けられています。その枠組みに沿って書くと、いつ、どこで、誰が、なにを、どうしたのかが一目でわかるようになっているので、保育者自身の振り返りに役立つだけでなく、第三者にも伝えやすいものになるわけです。

　園では、この記録を主任や園長が見ることで、経験年数の浅い保育者がどういったところに視点を置いて日誌を書いているのかがわかります。この日誌をもとに、子どもの姿を見るときのポイントや、幼児教育として重要な点についてアドバイスをすることもできるでしょう。

　一番下の欄には大きな円が書かれてあり、そのなかには「育みたい資質・能力」の3つの柱と、そこにつながるキーワードとなる単語や短文が散りばめられています。さらに、子どもの心の動きを捉える言葉として「すごい！」「ん？」「ワクワク」などが吹きだしに書かれているので、子どもの心がどう動いたのだろうかと想像することを切り口に、エピソードのなかでどういった子どもの姿が見られたかチェックできるようになっています。

　自分の頭でじっくりと考えそれを言葉にするには、思いのほか時間がかかります。特に園での勤務にまだ慣れていない1年目の保育者は、日誌の作成を負担に感じることになりがちです。上記のように、書きやすい形式を園で作成し、保育者の負担を軽減しようとする取り組みはひとつの好事例となっています。この日誌には実際に保育者がどう関わったかを書く欄もありますから、これらを通して今日の実践を振り返ることだけにとどまらず、明日はこの子たちにどう関わったらよいだろうと計画することや、計画を見直すヒントにもつながっています。

138 | 第Ⅱ部　幼児教育の実際

| 11 月 11 日　月曜日 | 天候 晴れ | 氏名 サトウ ナホ |

つくし くみ　10名　欠席 0名（※担当グループではなく、クラスの人数を書いてください）

| 主な活動 | 室内遊び（シフォン・おままごと）所外遊び | ねらい内容 | 砂や落ち葉等にふれて季節を感じる |

エピソードにタイトルを付けましょう
　シッタラ シッタラ〜♪

エピソードを4W1Hで整理しましょう

When いつ（おおよその時間帯）	10:30頃
Where どこで（だいたいの場所）	つくしのデッキ
Who だれが（関わった子ども）	ミノリちゃん
What なにを（対象となったものやできごと）	わらべうた「シッタラ」

How どうしたのか（具体的な経緯・目に見えた事実・実際に発せられた言葉）

所外遊びから戻りデッキで過ごしていた。知っているわらべうたが聞こえてくると一緒にうたに合わせて身振りを真似する姿が見える。扉付近にいたリクくんが退屈そうに見えたため、わらべうたを歌って気持ちを落ちつかせられたらなと思っていた。「シッタラ」を歌うとリクくんだけでなく、アオイくんや近くにいたミノリちゃんも手を叩いたりお腹を不に木にのせて楽しでいた。ミノリちゃんが「もう1回!!」と言うようにデッキの上にのぼり、手を叩いてアピールしてくれていた。「シッタラ」が気に入ったようで楽しそうに歌っていたのが印象的だった。

そこにあなたはどう関わりましたか（具体的な関わり・言葉がけ・道具の提供・場の構成ほか）※簡潔に書きましょう

だんだんとわらべうたに親しみを持ってきていると感じられた。わらべうたが聞こえてくると大人の身振りを真似したり、月齢の高い子たちは歌も一緒に歌ったりを楽しんでいる。だからこそ正しい音程、程度なリズムを意識して歌うように心がけている。

それは、子どものどのような姿に気づいたからですか（あてはまるものに〇、あるいは追記）

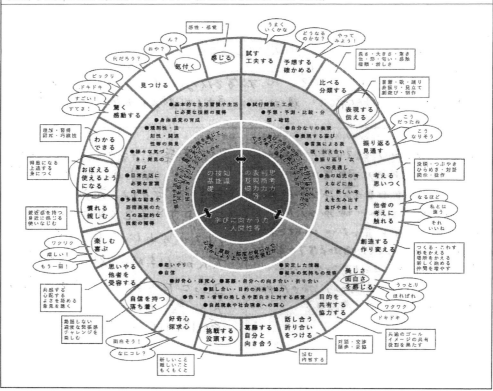

図9−4　新人保育者が子ども理解を深めるための記録例
＊本書掲載にあたり、記録内の名前はすべて仮名に変更。

第9章　幼児教育における子ども理解と記録・評価・計画　|　139

　図9-5は、2週間分の案を一枚に収めた週日案で、園内では「10days plan」と呼ばれています。[2]

　中心には普段使っている保育室の平面図（環境図）が記してあります。後に、この環境図の周りに子どもたちの姿を書き込んでいきます。右側には子どもの名前と生年月日、そして一人一人の「生活面のねらいと配慮事項」を簡潔に書けるようになっており、この2週間で意識すべきことがここで整理されます。環境図の下には、全体で行うこと、クラスとして行うことを日付ごとに書いておきます。

　左下の「予測される危険と配慮事項」「家庭との連携」の欄には、注意点や配慮すべきことを記します。そして右下の「わらべうた」や「絵本・文学遊び」の欄には、この2週間で取り上げる予定の歌や絵本などを書きます。この週日案を、同年齢の子どもたちを担当している保育者が相談しながらつくっていきます。

　野中こども園では、この週日案を土台にしながら実践を行い、そこで実際に見られた子どもの姿の写真を貼りながら、エピソード記録として書き加えていきます。実際に玩具や絵本棚などを動かしながら室内の環境設定を考察したり、写真を印刷して切り貼りしながら保育者間で子どもの姿について語り合う方がより実効性の高い振り返りになると実感しているので、この作業のICT化はあえて見送っています。将来的には、子どもたちの姿や保育者の考え方の変化によって、この用紙や書き方が変わっていくこともあるでしょう。参加する保育者や、その時々のニーズに合わせて書式を変えていくのは大事なことです。長らく書式を変えずに守っている園もありますが、例えば幼稚園教育要領や保育所保育指針の改訂などを機に見直してみるなど、より効果的な書式の検討は必須のことです。

　写真の横には子どもの名前とエピソードを短く書き込んでいきます。こうして少しずつエピソードを書き加えることで、環境図のどこでそのような姿が見られたのかがよくわかる記録になっていきます。そして、その行為の背景には子どもたちのどのような心の動きがあったのか、子どもたちの姿から何を楽しんでいたと考えたかなどがわかるような形式になっています。

　このようにして週日案に蓄積された記録は、次の2週間の計画に向けての重要な資料となります。この2週間で子どもたちがどのようなことに興味をもって遊んでいたのか、何を楽しみながら活動をしていたのか、この記録によって把握することができます。それをもとにしながら、今度はどのような環境設定をすればよいか、シャボン玉に興味があるようだからシャボン玉が出てくる絵本を読んではどうだろうかなど、子どもの姿を思い浮かべながら次の週日案を作成していくことになります。

140 | 第Ⅱ部 幼児教育の実際

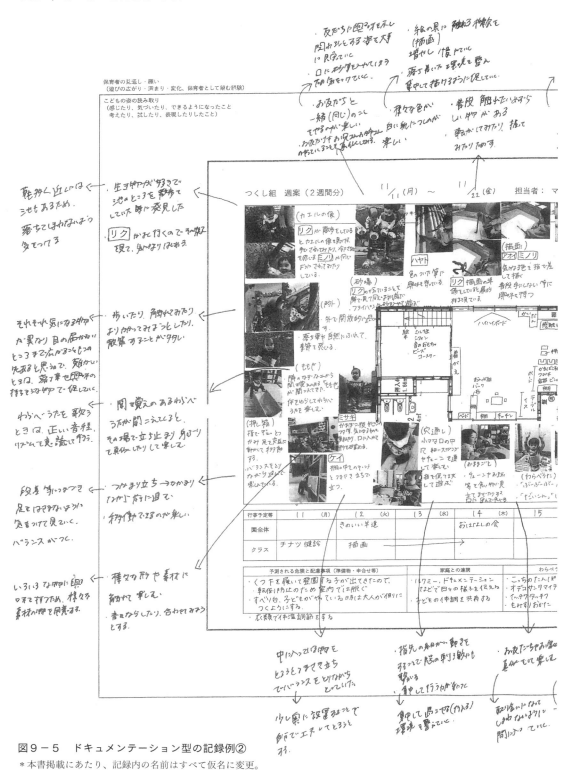

図9−5　ドキュメンテーション型の記録例②
＊本書掲載にあたり、記録内の名前はすべて仮名に変更。

第9章　幼児教育における子ども理解と記録・評価・計画　｜　141

・遊びやすいように決まった
　場所に戻しておく
・積んだり崩れたりをくり返す
　ことで手先の力加減を
　　　知っていく

・棚につけた扉の開閉が
　　　　楽しい
・積み木を出して遊ぶ
・積めることが嬉しい

・外に出る時間を意識して、異年齢の
　　　　関わりを大切にする
・憧れてまねをしようとするが 子どもの
　　気持ちを尊重しつつ、ケガには
　　　　　　気をつける

・お兄ちゃん、お姉ちゃんが来てくれて嬉しい
・お姉ちゃんたちを頼る
・やっていることをよく見ていてまねをする
・お姉ちゃんたちがいなくてもやっていたことを
　　　　　　やろうとする

マユミ　ナホ　チナツ

（積み木）
・積み木を半積む
・2種類の積み木を
　合わせて積む

（異年齢との関わり）
・外に出ると幼児さんや2才児の子たちが
　声をかけてくれる
・一緒にわらべうたを楽しむ
・お兄ちゃん、お姉ちゃんたちのまねをする
　　　　ことが楽しい

（秋の自然に触れる）
・散歩をしながら葉っぱ、枝など
　見つける
・拾ったものをカップに集める
・石など小さいものでも拾い集める

（平均台）
・大人が乗って見せると楽しそう。歩く
・幅が狭いところに乗り慎重に歩く
・体を使うことを楽しむ

児童氏名	生活面のねらいと記録事項（準備物等）
ノダ オトハ R5年1月17日生	スプーンで食べることを意識している。話しすぎて気をつける。
カトウ モエ R5年1月25日生	エプロンを自分でつける。噛んで欲しくなるよう声をかける。
イシハラ ユイ R5年3月23日生	ゆっくり噛んで食べるように促し ながら食べている。
エガワ リク R5年5月13日生	よく噛んでから飲み込むように促している。
シマダ ミノリ R5年8月22日生	スプーンを使って集めるすがたが見て取れ、扱いやすいように使っている。
キムラ アオイ R5年8月29日生	つめ込みすぎない量を小さく切り声をかける。
ニワ ハヤト R5年10月11日生	11日から完了期の手づかみ様子を見ながら食べていく。
エンドウ ワカ R5年4月14日生	噛んでゆっくり食べるよう口に入れすぎないように食べる。
ハシモト ケイ R5年10月23日生	自分で食べながら口に入れすぎのので宜をつけている。
タナカ ミサキ R6年1月27日生	園でミルク2回。朝はコップで麦茶を飲む。
年　月　日生	
年　月　日生	

・石が好きで拾うこと
　　　を楽しむ
・葉っぱや枝に興味を持って集める
・大人に見せに来る

・集めた物を入れられ
　るようにカップや
　ボトルを手に持ち歩く
・子どもたちが拾った
　葉っぱなど部屋に
　　　　飾る
・きれいだねと
　　　　共感する
・葉っぱを集めて入ったり
　フワッと投げて遊ぶ

・ぬいぐるみにもやってあげる
・「　」を歌うとキムラウスの動きをする
　見る
・「はりこにこ」、お友達とお互いに

(金) 18	(月) 19	(火) 20	(水) 21	(木) 22	(金)
			すみれの日	すぎなの日	
	描画	× →	描画 →		

らべうた	絵本・文学遊び	振り返り
・カッテコ マイテ ・びんびんの ・ひとなげ	（文学）おっきさまえらいの （絵本）・ばとばと　おにこたち・ふかふかかぺたぺた	月齢が低い子も部屋での行動の範囲が広がり、高い子たちは外での行動の範囲が広がってきた。自然に触れたり体を動かすことを楽しんでいるので、一緒に楽しんでいきたい。

・大人や友達とわらべうたを
　　　やることが楽しい
・自分がやってもらったことを
　　ぬいぐるみにしてあげたい

・わらべうたを歌うこと、遊ぶ
　　　ことを意識する
・時々道具を使って文学
　　　あそびをやる

・少し高い所に乗ることを楽しむ
・大人や友達の姿を見てやってみようと思い
　　　　　　行動する
・体を使うことを楽しむ

・外に出てたくさん歩く経験をする
・台に乗って歩くときは安定している所に置く
・大人も一緒に体を動かして楽しむ

142 | 第Ⅱ部　幼児教育の実際

　いずれにしても、実習生が書く記録と、現場の保育者が書く記録ではその形式が異なっています。実習中の記録で悩む学生は多くいますが、一方で実習指導を担当する保育者側も、記録の形式の違いを踏まえて指導にあたるため、さまざまな悩みや苦労が想像されます。実習生にとっても園の保育者にとっても、効果的な学びにつながるように、実習記録の形式の見直しも必要だといえます。

　例えば、もし実習生の記録が、各園で活用している記録の形式に近いものであれば、より実践的な学びになることでしょう。園側にとっても普段から活用している形式なので、ポイントを押さえた指導が可能になります。さらには、実習生が書いた記録も振り返りや計画に生かすことができるかもしれません。保育施設向けのICTシステムを構築している民間企業には、園で導入しているアプリを保育者養成校にも提供し、学生のうちから現場の記録システムにふれてもらうための取り組みを始めているところもあります。[3]

3 ▶ 幼児教育における評価

3.1　教育評価の目的と類型

　実践の記録は、評価をしたり計画を作成したりする際に重要な参考資料となります。幼児教育においても「評価」は必要なのかと疑問に思う人がいるかもしれませんが、教育には必ず目標があるので、その目標がどれくらい、どのように達成されたかを知るために、評価を欠かすことはできません。教育活動そのものを評価する必要があるわけです。加えて、子どもの発達がどのように進んできたかを把握するためにも、記録を上手に活用して育ちの評価をしていくことが必要となります。

　しかし評価というと、皆さんが学校で受けてきた期末試験や、その結果として受け取る通知表などをイメージしてしまうかもしれません。しかし評価とは、試験を行って理解度を点数化したり順位付けしたりするものだけではないということを、ここでは押さえてもらいます。学校教育の世界では、**ブルーム**（B. S. Bloom）の理論を活用し、**教育評価**を以下の3つに分けて説明しています。[4]

診断的評価

　何らかの教育活動を行う前に、習得のレベルを確認するために実施する評価です。語学力のレベルに応じてクラス分けをするために、事前に試験を行うなどといった例が該当します。

第9章　幼児教育における子ども理解と記録・評価・計画 | 143

形成的評価

　教育活動を展開するなかで、目の前にいる子どもたちが今どれくらい理解をしているか、または理解しようとしているかを評価するものです。中学校などでは中間試験などを用いて評価を行っています。

総括的評価

　教育活動が終了する際、最終的な理解度について総合的に評価するもので、例えば期末試験はこの総括的評価にあたります。

　上記のなかで、幼児教育において中心的に用いられるのが**形成的評価**です。ただし、試験によって評価をするのではなく、保育者が書く記録などによって子どもたちの今の状態を把握していくわけです。

3.2　記録を形成的評価に生かす

　評価のことを、英語では**アセスメント**（assessment）といいます。第5章でふれましたが、筆者がニュージーランドを訪問し、ラーニング・ストーリーについて話をしてくれた先生は、「ラーニング・ストーリーは、形成的評価のためのツールです」と明言していました。つまり、ラーニング・ストーリーや、（教育学的）ドキュメンテーションは、今子どもたちが何をがんばっているのか、何に熱中しているのか、そこにどういった学びがあるのかといったことを評価（アセスメント）するための重要なツールなのです。

　従来からよく見られるような、行事のときの子どもたちの姿を写真と保育者のコメントで示すような記録は、どちらかといえば総括的評価として保護者に見せる・伝える目的が大きいものですが、日常的に書くラーニング・ストーリーなどは、今の子どもたちの様子を捉え、そこにある学びの姿を伝えるための記録です。そのような写真記録を書く際には、何ができたか・できなかったかということよりも、例えば子どもが何を乗り越えようとしているのか、何をがんばっているのか、そこにどういう学びの姿が見られるのかを意識して書いてみましょう。

144 | 第II部　幼児教育の実際

4 ▶ 計画の作成と生かし方

　さて、前述したとおり計画は記録をもとに作成しますが、実習生でも保育者でも、何度か修正しながら完成させていきます。ただ、保育者は、実習生が作成する部分的な場面の指導案や責任実習のときの日案のように、詳細な姿を記していくわけではありません。園では、普段の子どもたちの姿を見ながら、来週はどういった活動をしていくか、そのためにどのような環境構成をする必要があるかなどを考えながら、週案というかたちで作成しているところが多いといえます。また、この週案にしても、記録と別個に作成するのではなく、日々の記録を持ち寄り学年ごとに振り返りをしながら、来週はどう遊びが展開するかと考え、それを記していくことで週案が完成していくという方法を取っている場合もあります。

　計画というのは、作った時点で満足してしまいがちですが、作ることに価値があるのではなく、それをどう実践に活用するかが大切です。さらに、実践したあとに計画を振り返ることが、今後の教育活動にとってさらに重要な点となります。ただし誤解のないようにしておきたいのは、計画の作成・実践・振り返りが重要だというのは、「子どもの姿と関係なく、とにかく計画どおりに活動を実施する」という意味ではありません。計画に基づき活動を展開していく際に、子どもたちがどのような姿を見せたのかが重要で、その子どもたちの様子から計画の改善点などが見えてきます。最も大切なのは、実践のなかで子どもたちが何を経験したのかということです。

事例9-1　計画で頭がいっぱいに…

　私（筆者）が学生のときに経験した、幼稚園での教育実習での一場面です。当時、私も皆さんと同じように、部分実習や責任実習を行うために悩みながら指導案を書き上げました。担任教諭のA先生の助言を受けながら、指導案を修正し当日を迎えたわけですが、その日は大学からも訪問指導のB先生が来園することになっており、緊張しながら実習に臨んだのを覚えています。A先生もB先生も、私のことを温かく見守ってくれていました。

　この日は年長児のクラスで製作活動をする計画で、活動が終わったあと、B先生と私とで話をする時間をとってもらうことができました。

　「やってみてどうでしたか？」と聞かれた私は、「緊張しながらやりました」

と答えて、「導入部分でのピアノを弾き間違えた」ことや、「計画では○○と言う予定だったのに、それを飛ばしてしまった」などといった反省を次々に語りました。しかし、Ｂ先生は私が話した反省点についてではなく、「明るい雰囲気で臨んでいた」ことや、「子どもたちが楽しそうにしていた」といった様子について、にこやかに話してくれました。Ｂ先生のその言葉を聞いて心から安堵した記憶があります。

当時の私は、「計画どおりに進めることが最も重要」だと考えていたのです。しかしピアノを弾き間違えたことや、予定どおりに話せなかったことなどは、それほど大きな問題ではないのです。それよりも、子どもたちがその時間で何を経験したのか、どういう気持ちで過ごすことができたのか、それを捉えたり考えたりするために記録や計画が重要なのです。

上記のように、実習やその後の学びのなかでわかってきたのは、計画どおり間違えずに行うことは重要ではないということです。大切なのは、その時間のなかで子どもたちは何を経験し何を感じたのか、そしてそこから何を得たのかということです。保育者としては、子どもたちのそういった学びにどう関わることができたのかということを振り返る（省察する）ことが重要になってきます。

実習中の計画は、実習生自体がまだ慣れていないこともあるため、できるだけ詳細に書いていくことが求められます。例えば「絵本を読む」場面では、ただ「絵本の『○○』を読み聞かせる」と書くのではなく、そのときの視線の向け方や声のトーン、絵本に興味を示さない子に対しての言葉のかけ方など、細かなところまで具体的に想定しておくような指導が一般的です。それは、実践経験のない実習生が子どもたちの状況を見て臨機応変に対応するのは難しいので、できるだけさまざまな状況を想定して、どう対処するかということを事前に考えておいた方がよいといった配慮から来て

146 | 第Ⅱ部　幼児教育の実際

います。実践する場合に大切なのは、「ねらい」がきちんと達成できたかどうかということです。事前に想定していたねらいが「絵本や物語などに親しむ」であったとしたら、一連の活動を通してそのねらいがどの程度達成できたのか、そしてそれを知る手がかりとして子どもたちがどういった姿を見せてくれたのかが、その実習の成功度を測る指標となります。

　では、実際の現場における計画と実践の関係はどうなっているのでしょうか。実習生の場合は部分的な指導や、責任実習のために指導案を書きますが、園に勤めてからは、実習のときのような指導案は作成せず、週案を軸に毎日の実践を行うことが多くなります。

　日案や週案といった短期的な計画は長期的な計画のなかにあり、その長期的な計画は、教育課程や全体的な計画のなかに含まれています。ですから、週の計画を立てる際にはその週が長期的な計画のなかでどのように位置付けられるかを確認しておきます。そして、計画は実際の子どもの姿と照らし合わせながら立てていくため、今の子どもたちの様子から来週はどのような活動を展開するだろうか、そのためにはどういった援助が必要かということを考え、次週の計画に盛り込んでいきます。もし同じ学年に複数のクラスがあれば、他のクラスの教員と相談しながら計画を立てることになるでしょう。第8章で前述したとおり、そのためのカンファレンス（会議、打ち合わせ）の実施が必要であり、実施のための時間の確保が重要です。

注

1）柴田義松『教育課程—カリキュラム入門』2000、有斐閣
2）週日案は1週間ごとに書く園も多いですが、野中こども園の場合は2週間単位になっています。これも保育者の負担を減らす工夫の一つです。
3）ChildCareWeb有限会社「【保育ソフト ChildCareWeb】東洋大学ライフデザイン学部子ども支援学専攻で運用準備をスタート！」、2020年12月7日PR TIMES記事
4）多鹿秀継『教育心理学—「生きる力」を身につけるために』サイエンス社、2001
5）公開保育などがある場合には、見学者に実践が伝わりやすいように日案を作成し配布するということもあります。

Column

認定向山こども園
（宮城県・仙台市）

　幼児教育においてICT機器（タブレット等）を活用する場合、子どもの遊びや活動のなかに道具の一つとして取り入れる目的と、保育者の働き方や実践の質の向上を目指して業務改善に使う目的の2つの方向性があります。仙台市にある認定向山こども園（幼保連携型認定こども園）では、どちらの目的においてもICTを効果的に活用していますが、ここでは保育者の働き方を見直しつつ、質の向上も見据えた後者の使い方を紹介します。

　まず、保育日誌を書く際にICT機器を用いることで、日誌そのもののデジタルデータ化を早い時期から行っていました。それも、アンケートフォームのソフトを使ってフォーマットを作り、若い保育者も比較的容易に書けるように工夫しています。子どもたちの名前、遊びの名称、そして5領域や「幼児期の終わりまでに育ってほしい姿」（10の姿）などは最初から日誌のフォーマットとして入力してあるので、選択することで記入を簡略化しています。そのうえでエピソードを書き加えるようなかたちになっています。日誌を書く時間（音声入力を活用）は勤務時間中に確保されているので、各保育者が毎日5つ前後のエピソード記録をまとめることができます。そうすると少なくとも月に数十の記録が溜まることになり、大きなデータの蓄積となります。

　これを用いると、どの遊び場の記録が多いのか、どの子の記録が多かったかなどをグラフにすることができるので、子どもたちの1か月の遊びの様子や保育者の記録の傾向も容易に把握することができます。

　さらに現在は、これらのデータをもとに生成AIを活用して記録のまとめを作成しています。1か月分の記録をAIに提供し指示（プロンプト）を与えることで、1か月間の一人一人の遊びの様子と育ちに関するまとめも可能になります。もちろん、このまとめをそのまま活用するのではなく、学年主任がチェックしたうえで保護者に渡すとともに、一人一人の保育記録にもファイリングします。各保育者が多数の記録を振り返りながらまとめることは困難ですが、生成AIを使うと、わかりやすく要約された文章が短時間で提示されます。また、3～4か月分の記録をAIに読み込ませ、指導要録の作成も可能になっています。このようにして向山こども園では保育者の負担を軽減しつつ、子ども理解をはじめとした保育の質を向上させることに力を入れています。一方で、世の中には、さまざまな機器やAIの技術が保育者の成長する力を奪ってしまうのではという考え方もあります。しかし私たちはすでに多くの技術と共に生きていますので、それらをただ遠ざけるよりも、今後は新しい技術をよく知り適切に活用することが必要でしょう。

参考：厚生労働省「保育所等におけるはじめてのICT活用ハンドブック」三菱UFJリサーチ＆コンサルティング株式会社、2023、p.14

（請川滋大／協力：学校法人仙台こひつじ学園 認定向山こども園 木村創）

148 | 第Ⅱ部　幼児教育の実際

第 10 章
保護者・地域との連携・協働

1 ▶ 将来の社会・地域社会に開かれた教育課程

1.1　中央教育審議会の答申を踏まえて

　幼稚園教育要領は、おおむね10年に１度改訂が行われてきました。改訂時には、専門家を中心に議論が重ねられて内容が決められます。

　2017（平成29）年の改訂は、2016（平成28）年12月に公表された**中央教育審議会**の答申を踏まえて検討されました。答申には「**社会に開かれた教育課程**」の記載があり、以下のような３点にまとめられています。

①社会や世界の状況を幅広く視野に入れ、よりよい**学校教育**を通じてよりよい社会を創るという目標を持ち、教育課程を介してその目標を社会と共有していくこと。

②これからの社会を創り出していく子供たちが、社会や世界に向き合い関わり合い、自らの人生を切り拓いていくために求められる資質・能力とは何かを、教育課程において明確化し育んでいくこと。

③教育課程の実施に当たって、地域の人的・物的資源を活用したり、放課後や土曜日等を活用した**社会教育**との連携を図ったりし、学校教育を学校内に閉じずに、その目指すところを社会と共有・連携しながら実現させること。[1]

　以上の内容を、実践現場でどのように捉えていけばよいのでしょうか。②に示され

ている人生を切り拓くための力は、幼児期には遊びや生活を通して培われます。子どもたちが主体的に遊びさまざまな試行錯誤ができるように、保育者は一人一人と向き合って、思いの実現のための手立てを行います。子どもは日々、遊びを通していろいろなことを学んでいますから、その遊びの中身をどうすれば、よりダイナミックで深いものになるかを考えていくのです。

　しかしいわゆる**三間**（遊び空間・時間・仲間）が限られている現代の生活では、子どもたちの体験の幅に限界が出てしまうこともあるでしょう。そこで、③でいわれているような**地域資源**、社会教育の活用を図ります。保育者がタイミングを見計い、地域の人々がつくってきたその場所ならではの文化と出会う機会を設けます。子どもたちの新たな興味・関心につなげることができれば、遊びの世界に変化をもたらします。実際に見たこと、聞いたこと、体験したことはごっこ遊びなどに取り入れられて、それが思いがけない方向に展開したり、新たな疑問から自分なりの解決へと考えを巡らせるなど、それまでにはなかった経験や喜びが生まれるでしょう。こうした活動は、子どもたちの**主体的・対話的で深い学び**となるのです。

　上述のように、地域の文化を園での実践に取り入れようとするとき、保護者や住民の力を借りることになります。依頼するためには、綿密な計画と準備が必要です。園は地域の一組織ですから、周囲との折衝も行います。そのようなやりとりのなかで、①で示されているように、教育目標を園と地域が徐々に共有していけるでしょう。

　保護者について文部科学省は、次のように解説しています。「現代の子育て環境の下で保護者の子育てに関する不安は強くなっているといわれています。幼児期の教育や幼児への関わり方について、教師にとっては当たり前に思っていることでも、保護者にとっては不安の材料であることもあります」。このように、多くの保護者が子どもや子育てに対し、何らかの不安を抱えているのです。

150 | 第Ⅱ部　幼児教育の実際

　そうであるならば、保護者を園内・園外の活動に招き子どもたちの様子を見てもらうことで、抱えている不安が軽減されるかもしれません。活動にあたり過度な負担にならない程度の協力を依頼できるなら、子どもたちの体験を共有することになり、それを機に保育者と保護者、保護者同士での会話も生まれるでしょう。保護者の孤立を防ぎ、子育てに自信をもって取り組むきっかけの一つになるのではないでしょうか。

　また地域住民に協力を依頼することで、園に対する周囲からの理解が得られやすくなります。近年、騒音への不安を感じる地域住民から保育所建設に反対する声があがるといった問題が起きています。顔見知りの子どもの声はうるさく感じず、知らない子どもの声は騒音になるともいわれます。社会に開かれた教育課程の実現に向けて地域と連携することは、お互いを理解して住みやすい街をつくることにもなるのです。

1.2　将来の社会・地域社会に開かれた教育課程

　ここで「社会に開かれた教育課程」について、もう少し考えてみましょう。この「社会に開かれた教育課程」という言葉は、2017（平成29）年告示の幼稚園教育要領および小学校・中学校学習指導要領、2018（平成30）年告示の高等学校学習指導要領で、初めて出された事柄です[4]。子どもたちがこれからの時代を自分らしく生きていくことができるように、そのような人間性を培うためには、よりよい教育の実現が求められます。その一つとして、幼児期の段階から「社会に開かれた教育課程」という考え方を取り入れ、具体的に計画を立てて実行していくことが重要だとされているのです。

　では、社会に開かれた教育課程の社会とは、何を意味しているのでしょうか。これには二つの側面が考えられます。一つは、子どもたちが成長していくなかで迎える「将来の社会」です。グローバル化や情報化は今後ますます進むでしょう。そうした時代の動きを踏まえ、次代を切り拓く力が育まれる幼児期から、社会と協働して将来を見据えた資質や能力を培うことが期待されているのです。もう一つは、教育の理念を共有し、連携・協働していくパートナーとしての**地域社会**という側面があるでしょう。よりよい教育を通してよりよい社会をつくること、それを幼稚園と社会が連携し、協働することで実現しようとするのがこの理念です。

　幼稚園教育要領の随所でも、家庭や地域社会との連携について言及されています。幼児の生活は、家庭、地域社会、幼稚園というように、それぞれ独立して営まれているわけではありません。家庭や地域社会での**生活経験**が園生活の基盤になり、そうした園生活で培われたものが家庭や地域社会での生活に生かされるのです。幼児の望ま

しい発達は、この循環のなかで図られます。

　ですから保育者が指導・援助を行う際は、まず家庭や地域社会を含めた子どもの生活全体を視野に入れ、そのうえで子どもの興味や関心の方向、必要な経験などを捉えて実践に生かしていきます。『幼稚園教育要領解説』には、「地域の資源を活用し、幼児の心を揺り動かすような豊かな体験が得られる機会を積極的に設けていく必要がある[5]」、「幼児が行事などを通して地域の文化や伝統に十分触れて、ときには豊かな体験をすることも大切である[6]」など、具体的にどのようなことに目を向ければよいかについての記述もあります。そして家庭との連携については、日頃から保育者が、保護者との関係を深めることで子どもの様子を共有したり、子育ての情報や保育参加などを通じて、幼児との関わり方への理解が深まるように配慮することが大切であると述べられているのです[7]。この家庭や地域社会との連携については、保育所保育指針及び幼[8]保連携型認定こども園教育・保育要領にも、その重要性が示されています[9]。

2 ▶ 保護者や地域の人々との関係

2.1　地域ならではの取り組み

　子どもたちの**生活体験**を豊かにするために継続して行われている、宮城県にある仙台バプテスト教会幼稚園の活動事例を見てみましょう。地域の人々との関係を生かし、また、保護者と連携しながら行われている実践です。

事例10−1　園庭で羊の毛刈り

　5月、幼稚園に子どもたちの元気な声が響いています。今日は羊が来る日です。毎年5月になると、園庭で羊の毛刈りを行っているのです。年中組、年長組の子どもたちは昨年の毛刈りを覚えていますから、とても楽しみにしています。各家庭にもあらかじめ案内をしているので、見学に訪れる保護者も大勢います。

　隣町から連れて来た羊は、体中がモコモコの毛で覆われて少し暑そうです。その毛を農場の方が、子どもたちの前で刈っていきます。最初に説明を聞き、そのあと羊の体に専用のバリカンが当てられます。子どもたちは目を見張っています。しばらく見学してからその方と一緒に、一人ずつ毛を刈らせてもらうのです。クラスごとに順番に並び、毛刈りが進んでいきます。そしてすべての

毛が刈り取られ、羊はさっぱりした姿になりました。

　刈られた毛は一枚布のようにスルッとつながって、まるで羊が洋服を脱いだように見えるのです。この様子を子どもたちは興味深く見ています。「ひつじさん、すずしくなったね」。そんな声も聞こえてきました。

　今では園の恒例行事になっている羊の毛刈りですが、きっかけは1990年頃にさかのぼります。以前は幼稚園の近くに大学の農学部があり、羊はそこで飼われていたので、園児たちは散歩をしながらときどき羊を見に行っていました。そんなある日、大学から「羊の毛を刈りますので見に来ませんか？」とのお誘いを受けたのです。園は、子どもたちがめったに見ることのできない貴重な機会と考えて伺うことにしました。それ以来、毎年交流しているのです。

　この30年の間に、大学が郊外に移転して農場も閉鎖になりました。しかし大学を引退なさる先生が個人的に羊を引き取り、近隣の町村で農場を開かれたのです。一方、幼稚園では園舎の改築がありました。双方に変化がありましたが、羊の毛刈りを子どもたちの大切な生活体験と捉え続け、今度は農場に赴くのではなく、園に来てもらうかたちで縁をつなげてきたのです。子どもたちは一番身近な場所である園で羊の話を聞き、毛刈りをします。ある年は、生まれて間もない子羊も一緒に連れて来てくださいました。赤ちゃん羊にはおとなの羊には見られない尾があること、子羊のうちに断尾処理をすることも教わりました。[10]

2.2 地域に開かれた活動の展開

さて刈られた羊の毛ですが、油分を多く含み、とてもしっとりとしています。まず何度も溶剤としての洗剤で洗い、ついている小さなゴミを一つ一つ手作業で取り除きます。こういった作業は、保護者の協力のもとで進められていきます。あるときはおしゃべりをしながらゆっくり時間をかけて、またあるときはお迎えのわずかな時間を使って、洗ってもなかなか取れない小さなゴミを確認しながら丁寧に取り除いていきます。こうして何か月もかけて、ようやくやわらかな原毛になるのです。

できあがった羊毛は、子どもたちの身近な遊び道具になります。思い思いに使って遊ぶのです。たっぷり遊んでも使いきれないほど原毛の量は多く、卒園制作に使うこともあります。手にしているものが以前園庭で刈った羊の毛であることを、子どもたちは皆知っています。これまでの工程を、実際に目の前で見ているからです。羊毛を使って遊ぶとき、毛刈りのことを思い出すようです。

羊毛は、保護者活動である「Mama's Café」という集まりでも活用されています。この活動は在園児の母親を中心に行われていますが、卒園児や地域の住民も参加して、希望者が手芸を楽しんでいます。でき上がった作品は、幼稚園バザーの売り物にもしています。「Mama's Café」では、手芸をしながら子育てのことや小学校に進学してからの様子などを話したり、地域に関する情報を共有したり、就学に向けた準備について先輩保護者から聞く、あるいは相談するなどの交流が生まれているようです。在園児の保護者を対象とした活動にとどまらない、地域交流のよい機会となっているのです。[11]

2.3 それぞれの園に即した取り組み

上記は地域の環境や文化を生かし、園・家庭・地域が一体となった取り組みの一例です。最初に受けた大学からの招待を大切にして、散歩中の毛刈り見学から、園に来てもらっての毛刈り体験へと発展させています。刈り取られた毛は保護者の協力で使いやすい状態の羊毛となり、子どもたちが自由に使える素材となって遊びに生かされ

154 | 第Ⅱ部　幼児教育の実際

ています。さらに、保護者を中心とした地域活動にも活用しています。

　この活動例は農場の厚意がきっかけなので、いつでもどの園でも可能というわけにはいきません。しかし活動の継続は、保育者の努力なしでは実現できなかったでしょう。その農場は、常時、出張で毛刈りをしているわけではありません。「この園になら羊を連れていこう」という気持ちがなければ、これだけの長期間、継続して来てもらえなかったはずです。2011（平成23）年の東日本大震災以降、幼稚園周辺も復興が進み、地域で羊を見ることはほとんどなくなりました。実物の羊にふれる機会は、観光農場に行く以外なかなかありません。数年前からこの取り組みを聞いた同じ仙台市内の幼稚園でも活動に取り入れたいという希望があり、園長先生同士の交流から紹介に至って、同様の活動が広がりを見せているそうです。

卒園記念に制作した作品

　こうした活動は、地域の特徴を生かして取り入れることが重要です。羊の毛刈りを子どもたちに体験してほしいと思っても、農場からの距離が遠ければ制約が多く難しいでしょう。また寒い地域なら、5月の毛刈りは自然環境上困難です。地域の実態に合わせた内容を計画しなければ、そのとき限りの単発的なものになってしまいます。

3 ▶ 高齢者や地域の人々と親しむ

3.1　世代間交流の実践例

　次は日常的に行われている**世代間交流**の一例を紹介します。千葉県柏市のにしはら幼稚園は、同じ建物の中に特別養護老人ホームがあり、介護の必要な高齢者が入居しています。道の向かいには、地域の高齢者が集うデイサービスセンターもあります。幼稚園とホームの玄関は別ですが、同じ建物を共有して内部移動も可能な造りになっています。子どもたちが使っている玄関の向こうにもう一つドアがあり、開けると高齢者施設への通路になっているのです。ときどきそのドアから、介護職員と一緒に高齢者の方々が遊びに来ます。園と施設で連絡を密にとっており、感染症が流行していないときは、訪問をいつも受け入れているのです。事例10－2は、ある日のひとこまです。[12)]

第10章　保護者・地域との連携・協働 | 155

> **事例10-2**　にぎやかなおしゃべりの時間
>
> 　ある日の午後、ホームの職員と、入居者のKさん他数名の女性が園を訪れました。この光景にすっかり慣れている子どもたちは、「わーっ！！」と囲んで歓迎しています。その場に居合わせたのが年少児だったため、この日は年少組の子どもたちがたくさん集まってきました。すると職員がKさんの手を握りながら、「こちらのKさん、昔幼稚園の先生だったんですよ」と担任に話しました。すかさず担任は、「ねぇみんな、Kさん、幼稚園の先生だったんだって！」と教えました。すると子どもたちは、「おばあちゃん、なにぐみなの？」「なにせんせい？」と質問しています。Kさんは笑顔で「トミコ先生だったのよ」と答えますが、子どもたちの元気な声に消されてよく聞こえません。そこで担任が「トミコ先生ですって！」と伝えると、子どもたちは口々に「トミコせんせい！」と言いました。職員が「よかったですね、みんなにトミコ先生って呼んでもらって」と、耳元で話しかけています。Kさんたちは、子どもたちとしばらくおしゃべりをして帰っていきました。
>
>

　これは昼食後、子どもたちが好きな遊びをしているときのことでした。オープンスペースにいた子どもや、保育室の出入口付近で遊んでいた子どもたちが集まってきて、Kさんたちとやりとりをしています。時間にしたら10分足らずの出来事ですが、お互いにおしゃべりを楽しみました。

　また別の日には、次のような光景も見られました。

> **事例10-3**　かっこいいとこ、見ててね！
>
> 　風が穏やかな暖かいある日、デイサービスセンターを利用しているIさん、Sさんと職員が園庭の日陰で椅子に座って、元気に遊ぶ子どもたちを眺めています。「がんばれー！」「ほら、もう少し！」と、遠くから手を叩いて声援を送っているのです。それに気がついた子どもが数人、駆け寄ってきました。言

葉を少し交わすと、「見ててね！」と言ってボール投げを披露したり、今いた遊具に戻ってそこから手を振っています。IさんもSさんもその子に手を振り返し、ますます熱心に応援を続けるのでした。
「あの子は何歳だろうか」「ほら、しっかり前を見てないと落ちちゃうのにねぇ」と、目を細めながら小声でおしゃべりしています。

　園で交流する子どもと高齢者は、特に血縁関係にあるわけではありません。デイサービスセンターを利用している高齢者は、地域の住民です。ここで会うまで面識など全くなかった方々ですが、施設内での交流から少しずつ顔見知りになり、やがて地域で偶然出会ったときも、手を振り合うようになっていくそうです。

3.2　園の思い──施設との連携

　この園では定期的な交流会だけでなく、事例にあげたような日常的なふれ合いを大切にしています。園長先生は次のように話をしてくれました。「今の子どもたちのおじいさん、おばあさんはお若くて元気なことが多く、いたわるような方々ではありません。なかには住む場所が遠距離で、なかなか会いに行けない、来てもらうのも難しいというご家庭もあります。でも保育のなかで、施設の高齢者と頻繁にふれ合えば、きっと育まれるものがあるのではないかと思うのです。相手を思いやる心や、やさしさの感情は、身内でなければ生まれないものではありませんよね。今の**少子高齢化**時代のなかで、子どもたちの人間関係を少しでも広げることができたらいいと思うのです」。

　ひと言で高齢者といっても、いろいろな方がいます。持病のある方、感情の抑制が難しい方、思うように体が動かない方など、さまざまです。ですから、無理に子どもたちのいる場に誘ってよいわけではありません。子どもたちも同じです。園には指導計画があります。遊びに集中しているとき、保育者が子どもたちに何かを伝えようとしているとき、複数の子どもに体調や感情の不安定な様子が見られるときなど、不意の来客が望ましくない場合もあります。世代間交流を続けていくためには難しさも

多々あるのです。

　それでもこの園は、極力高齢者の訪問を大事にしたいと考えています。不意の来訪で困ったことはないか尋ねたところ、「相手の職員さんたちには、子どもたちの雰囲気や私たちの思いが何となく伝わってしまう」とのことでした。常にお互いの気持ちを察しつつ、タイミングが合わないときは率直

ホームに入居している高齢者から
園に贈られた手作りの壁画の一枚

に伝え合う関係もできています。無理なく、お互いが気持ちよく動ける方法によって、長く続けることができるそうです。一方、施設の介護職員に聞いてみると、いつでも訪問するわけではないという話でした。そこには園への配慮がありました。子どもたちが黙々と何かに取り組んでいたり、雰囲気がざわざわしていたならば、「ちょっと○○なので、また後にしましょうか」などと高齢者に伝えて引き返しているそうです。こうした臨機応変な対応には、幼稚園と高齢者施設の連携が必要です。日頃から両者の信頼関係を築き、常に協働する意識をもたなければ、保育中の自由な交流など簡単にはできないでしょう。しかし長く続けていると、子どもにも高齢者にも、そして保育者たちにも、多くの嬉しい効果を実感するそうです。

　私たちは今、高齢化社会を生きています。地域との交流には少なからず高齢者との関わりが生じます。介護施設との交流ではなくても、地域の一員として活躍しているお年寄りはたくさんいるでしょう。皆さんもぜひ、在学中から幅広い世代との交流を意識してみてください。

3.3　保育者に求められるコーディネート能力

　日常生活のなかで子どもの実態に合わせて地域の資源を活用するためには、保育者自身が相手の人々と関わりながら計画を進める、情報収集や調整を行うなどのコーディネーターとしての動きが重要です。園の周辺地域に何があるかを知らなければ計画を立てることができませんし、担当者との打ち合わせは複数回にわたって行われるはずです。相手にまず自分の園のことを紹介し、子どもたちにどんな体験をしてほしいと思っているのか、相手の組織のどんなところに注目していて、どんな協力をお願いしたいのかを理解していただきます。そして協力が得られて実行する際は、保育者が子どもたちの手本になって、周りの方々やその環境と関わるのです。

　このような一連の流れを見ると、保育者には幅広い世代とのコーディネート能力が求められることがわかるでしょう。第１章でも説明したとおり、**「幼児期の終わりまでに育ってほしい姿」**（10の姿）に、「（5）社会生活との関わり」があります。ここで示されている力を子どもたちが育むためには、保育者が園と地域社会を積極的につなぎ、コーディネートしていく力が不可欠です。

注

1）文部科学省中央教育審議会「幼稚園、小学校、中学校、高等学校及び特別支援学校の学習指導要領等の改善及び必要な方策等について（答申）」（中教審第197号）、2016、pp.19-20

2）文部科学省中央教育審議会「子どもの体力向上のための総合的な方策について（答申）」、2002

3）文部科学省『幼児理解に基づいた評価』チャイルド本社、2019、p.70

4）幼稚園教育要領、小学校学習指導要領、中学校学習指導要領、高等学校学習指導要領の前文に共通して「社会に開かれた教育課程」の実現が重要だと示されています。「教育課程を通して、これからの時代に求められる教育を実現していくためには、よりよい学校教育を通してよりよい社会を創るという理念を学校と社会とが共有し、それぞれの幼稚園において、幼児期にふさわしい生活をどのように展開し、どのような資質・能力を育むようにするのかを教育課程において明確にしながら、社会との連携及び協働によりその実現を図っていくという、社会に開かれた教育課程の実現が重要となる」（幼稚園教育要領前文）。

5）文部科学省『幼稚園教育要領解説』フレーベル館、2018、p.134

6）同上

7）同上、pp.134-135

8）保育所保育指針 第2章−4−（3）
厚生労働省編『保育所保育指針解説』フレーベル館、2018、pp.292-293

9）幼保連携型認定こども園教育・保育要領 第1章−第2−2−（3）−コ
内閣府・文部科学省・厚生労働省『幼保連携型認定こども園教育・保育要領解説』
フレーベル館、2018、pp.111-114

10）羊の尾は下に垂れ、他の動物のように虫を払うことができません。こうした健康上の観点や、汚れからくる衛生管理を理由に、生後まもなく切り落とすのが一般的だそうです。

11）園では新型コロナウイルス感染症の流行時も、感染予防に留意しながらこの活動を続けてきました。刈り取った毛を洗う作業などは、保護者に手伝いを依頼せず保育者が行うなど、さまざまな工夫をすることで継続していると聞いています。

12）感染症の大流行で、2020年度から園児と高齢者の交流は、窓越しに手を振り合うなど限定的なものになりました。2024年度1学期から、少しずつ直接的な関わりを再開しています。双方の状況を見極めながら、今後の活動内容を模索していると聞いています。

Column

あんず幼稚園
（埼玉県・入間市）

狭山丘陵に位置するあんず幼稚園は、毎年10月に年長組が探検遠足に行っています。各クラスを3チームに分け、それぞれの「まち」を探検に出かけます。例年自分で切符を買い、先生と子どもたちで電車に乗って行きますが、コロナ禍には園の送迎バスを使い「まち」まで出かけました。子どもたちは「まち」を探検する中でさまざまな店や公共施設、街中の設置物に興味をもち、店や施設で話を聞いたり、実際に利用してみます。チームでのお楽しみとして、おやつやお土産を買うことができます。何を買うのかは、全て子どもたちに任されています。

翌日、保育室には前日の遠足でチームごとに発見したものの写真が貼られます。クラス全体で、「まち」の情報が共有されていくのです。さっそく見聞きしたことから、ごっこ遊びが始まります。お店屋さんや自動販売機を作る様子が見られ、年中組さんや年少組さんがお客さんになり、園全体でごっこ遊びを楽しみます。また、ごっこ遊びと同時に「まち」についても話し合われ、「まち」に興味を持つようになります。「ダンボールで作った自動販売機が壊れてきているので、壊れないものを作ろう」と、11月下旬に行われる制作展につながっていきます。子どもたちは自分の興味関心に基づいてチームに分かれ、今度は木工制作に取り組みます。その際遠足の体験は発想の土台になりますが、作るものは見聞きしたものと同一とは限りません。木工制作に向かい、ミニチュアの模型を作ってイメージを共有しながら活動が進められていきます。

こうして完成した作品は、制作展当日、園庭に並べて巨大な「まち」になるのです。園舎内にも作品を展示しますから、遠足からの過程を見ることもできます。この日に向けて、年少組はみんなで一つの大きな家を作ります。年中組は、動物園遠足から発展した動物の世界をダンボールで表現します。こうした経験が、年長組の「まち」をつくる活動の基盤になっていきます。

制作物は制作展当日だけで終わらずに、子どもたちはさらに7〜10日遊び込み、やがて次の活動へ移っていくのです。先生はまた一年、子どもの目線で地域の魅力を探し来年の遠足に備えます。

（徳田多佳子・学校法人アプリコット学園 あんず幼稚園 羽田二郎）

第11章
幼児教育と子ども家庭福祉の関連性

1 ▶ 幼児教育と子ども家庭福祉との関係

　1947（昭和22）年、すべての子どもへの福祉を実現し、その健やかな育ちを保障するために**児童福祉法**が制定されました。これ以降、社会や子どもをとりまく環境の変化に応じて改正が重ねられた児童福祉法には、**「子どもの最善の利益」**が優先されること、保護者が子育ての第一義的責任を負うこと、さらに国及び地方公共団体は保護者とともに子どもの健全育成に寄与する責任があることなどが明記されています。

　保育所、幼稚園、認定こども園などいずれにおいても、子どもや保護者に対する福祉的な関わり、つまり**ソーシャルワーク**が求められています。ソーシャルワークとは「社会福祉制度において展開される専門的活動の総体」を意味します。保育者もその専門的活動を担う一人として関係機関と連携し、「子どもの最善の利益」を守るためのセーフティネットを構築する役割を担っているのです。

1.1　地域の子どもが育つ場としての園

　2015（平成27）年、**子ども・子育て関連3法**（子ども・子育て支援法／認定こども園法の一部改正法／子ども・子育て支援法及び認定こども園法の一部改正法の施行に伴う関係法律の整備等に関する法律）に基づく、**子ども・子育て支援新制度**が施行されました。同法によって幼児教育施設における子育て支援機能の充実が図られ、園児はもとより、地域の子育て家庭に対しても、共に子どもを育てていく視点での関わりが求められるようになりました。保育所保育指針には、保育所を利用している保護者に対する支援

だけでなく、地域の保護者に対する支援を行う、子どもの育ちを家庭と連携して支援していくことが示されています（第4章）。また、幼稚園教育要領には「幼稚園と家庭が一体となって幼児と関わる取組を進め、地域における幼児期の教育のセンターとしての役割を果たすよう努めるものとする」（第3章－2）と明記されています。

地域の子育て家庭への支援については、親子が集える場の提供や園庭開放、絵本の読み聞かせ会や未就園児対象の定期的なイベントの開催というように、その方法や内容はそれぞれの施設に任せられています。このように、幼児教育施設が地域の子育て家庭をつなぐための機会をつくることは、地域コミュニティが希薄な現代社会においては非常に重要な役割であるといえます。また地域の子どもが育つ場として、園での活動に地域の人材を活用することも大切な視点です。これからの幼児教育施設は、他の関係機関とも連携しながら開かれた子育ての拠点として、地域の関係性を創出し、活性化させていく役割を担う必要があるのです。

1.2 家庭とともに育てる

保育者は、在園児の保護者との間に良好なパートナーシップを築く必要があります。各園がそれぞれの特色を生かし、子どもの発達や生活環境の現状を踏まえ、家庭や地域社会と連携して教育活動を展開することが求められています。例えば、子どもの活動の様子を写真やエピソードによって捉えたドキュメンテーション（第9章で前述）を用いて実践を可視化し活動の意図を示す、送迎の際に子どもの一日の生活を保護者と共有するなど、園の教育方針をわかりやすく伝える工夫や日々の積み重ねが重要です。そのような良好なコミュニケーションにより園と家庭との信頼関係が築かれます。

しかし、保育者が十分に気をつけていても、保護者との感情の行き違いは起こります。事例11－1では、職員間の確認不足がトラブルにつながる、そしてトラブルへの真摯な対応がいかに大切であるかということについて考えてみましょう。

第11章 幼児教育と子ども家庭福祉の関連性

事例11-1　「靴、持ち帰ったんですか？」

2歳児クラス／6月

　Y園では、子どもたちが保育室から直接外に出られるようにするために、登園用と外遊び用の靴を分けています。ある日、園庭に出ようとするとナオトくんの靴が見当たらず、非常勤のA教諭が探しましたが見つかりません。報告を受けた担任教諭は、ナオトくんを迎えに来た母親に「昨日、外遊び用の靴を持ち帰ったんですか？」と尋ねました。母親は「持ち帰っていないと思うが、昨日は父親が迎えに来たので確認してみる」と話しました。

　翌朝の登園時、父親は「靴は持ち帰っていないです。あの靴は誕生日にいただいた大切なもの、園内でなくなるとはどういうことなのでしょう」と困惑した様子です。担任は父親に「もう一度、よく探してみます」と伝えました。

　その日は、前々日に勤務していた非常勤のB教諭が出勤していました。担任は、B教諭に心当たりはないか、思いつくところを探してほしいと頼みました。B教諭は「そういえば」と車の遊具のところへ向かいました。「確か、一昨日園庭で遊んでいるときに、ナオくんは車の座席を開けたり閉めたりしていて…あっ！」。車の座席の中には、ナオトくんの靴が入っていました。ナオトくんは、数日前からその車の遊具を気に入って、何度も乗ったり降りたりし、座席のふたを開け閉めすることを繰り返していました。そして、保育室に戻る際の少しの時間に、自分の靴をお気に入りの車の中に入れてしまったのです。

　担任は父親にこうした経緯を正直に伝えました。話を聞いた父親は「園内で持ち物がなくなるということに戸惑ってしまい、なにか問題が起こっているのかと不安になってしまった」と語った後、帰り際には「今度、車に乗れるようになったところを見たいですね」と言ってくれました。

　ナオトくんは、それまで自分で漕ぐことができず、すぐに飽きてしまった車の遊具を上手に操れるようになり、保育者に得意げな顔を見せながら遊んでいました。できるようになった嬉しさを保育者と共有したことで、ますますこの車が好きになったの

164 | 第Ⅱ部　幼児教育の実際

かもしれません。そのような気持ちから、自分の靴を大好きな車の中に入れたのでしょう。本来でしたら保護者とも楽しく共有できるような、ナオトくんの成長の一場面でしたが、保育者間での確認不足に加え、伝える順番を間違えたことで保護者の不安を生む結果になってしまいました。

　子どもは、時に大人が考えもしないような行動をとることがあります。事例のように、乳幼児期の子どもは「興味のままに行動する」ということを心得ておかなければなりません。そのことを踏まえて、保育者は子どもの行動や考えを予測し、危険を回避しながら活動を発展させています。こうした連絡ミスは、保育者からしたら「靴が見つからなかっただけ」と思えますが、子どもを預けている保護者からしたら「危険につながるようなことだったらどうするのか」というところまで思いが発展してしまう可能性もあるのです。家庭との円滑な関係性を保つためには、何かが起こったらまず職員間で十分に確認すること、保護者を不安にさせるような状況をつくらないことが大切です。

2 ▶ 子育てを支える専門機関

　2022（令和4）年にこども家庭庁設置法、こども基本法が成立、それにより2023（令和5）年、「こどもまんなか社会」の実現を目的とし、こども家庭庁が発足しました。こども家庭庁の役割としては、①こども政策の司令塔としての総合調整、②省庁の縦割り打破、新しい政策課題や隙間事案への対応、③保健・福祉分野を中心とする事業の実施、の大きく3つに分けられます。これ以降、少子化対策や保育、こども家庭福祉に関する事業（こどもの貧困、虐待防止対策、障害児支援など）は、こども家庭庁が一元的に管轄することとなりました。

　現代社会では、保育の拡充といった量的支援に加え、核家族化に伴う地域ネットワークの消失、家庭の育児力の低下への対応といった質的支援の向上が目指されています。こうした現状を踏まえ、幼児教育施設にはかつては地域が担っていた子育ての機能を代替する役割が求められているのです。地域の子育てを支える専門機関でもある幼児教育施設では、子どもと子育て家庭を支えるセーフティネットの一つとして、子どもたちがより豊かに育つ社会を実現するために、行政の福祉事業やそれらの機関との連携を図る必要があります。本節と次節では、社会全体で子育てを支えるための地域子育て支援拠点事業と、子育てに問題を抱えた家庭への対応としての児童家庭支援センターを例に考えていきます。

2.1 子育て家庭をつなぐ

ここでは、子育て家庭が気軽に集い、相互に交流しながら子育ての不安や悩みを相談できる場を提供する**地域子育て支援拠点事業**について学びます。

地域子育て支援では、子育てに専念する親や、育児休業中の親などが気軽に集い、子育てに関する情報交換ができる場をつくるなど、「子どもの最善の利益」を追求する社会活動として一定の成果をあげています。

地域子育て支援施設の主な機能には、親子が交流するための居場所、子育ての悩みや不安を解消するための相談窓口、地域の子育て情報の提供、子育て支援者の育成とネットワークづくり、地域のなかで子どもを預ける・預かることで、人と人とのつながりを広げるファミリー・サポート・センターの運営などがあります。

利用者支援事業

地域の子育て支援情報は、母子健康手帳交付や出産前の母親（両親）学級、出産後の出生届提出の際などに、行政の窓口で資料を手渡すといった方法で周知しています。多くの人は、子どもが生まれることで初めてこうした施設に足を踏み入れるため、はじめは躊躇したり、敷居が高いような思いを抱く場合もありますが、支援施設で行われている妊婦向けの勉強会や新生児の集い、身体測定、栄養士による離乳食講座、父親の会といったイベントが後押しをしてくれるようです。出産後の母親は、初めての子育てに戸惑い、孤独感や不安感を抱えがちです。こうした場で他の親子と交流したり、年上の子どもをもつ母親の姿を見たりすることで、不安やストレスの軽減が期待できるのでしょう。

子育て支援施設には、子育て経験のあるスタッフや保育士が常駐しており、親子同士をつないだり、地域の子育て情報を提供したりしています。さらに、不安が高くケアが必要な母親には、心理士が話を聞き助言する、場合によっては他の専門機関に連携するといった**包括的支援体制**が構築されています。

次世代育成事業

　地域子育て支援では「みんなで子育てをする」という観点から、支援を受けた人が次の支援者になっていくための人材育成に力を入れています。施設に集うなかで、初めは初心者だった親も先輩になり、新米ママ・パパにアドバイスができるようになります。こうした流れをうまく活用し、次世代の支援者を育成していきます。また、親たちが自主的に運営するサークルの活動への支援も行っています。

子育て援助活動支援事業

　子育て援助活動支援事業（ファミリー・サポート・センター事業） とは、子どもを預かってほしい人（利用会員[依頼会員]）と、子どもを預かる人（提供会員）がそれぞれ会員登録をし、コーディネーターがお互いの条件に合う会員同士をマッチングする、地域ぐるみの子育て支援です。

　提供会員は、利用会員の子どもを自宅で預かったり、事業を運営する子育て支援施設の中で一緒に過ごしたりすることができます。昨今、インターネットを利用した「ベビーシッターマッチング」が問題になっていますが、地域子育て支援の一環であるこの事業では、アドバイザーを介したいわゆる「顔の見える関係性」が保障されており、利用会員、提供会員の双方が安心して子どもを預けたり、預かったりすることができます。地域コミュニティが希薄になった現代社会においては、こうした相互扶助に基づく子育て支援の仕組みが求められています。

2.2　家庭に寄り添う支援

　地域子育て支援施設がにぎわいを見せる一方で、乳幼児のきょうだいがいる、双子などの多胎児育児をしているといった環境要因や、気後れして一歩が踏み出せないといった心理的要因により、支援の場に行くことができない親もいます。こうした家庭にアプローチできる取り組みが **訪問型子育て支援** です。

　訪問型子育て支援の一つに「**ホームスタート**」があげられます[2]。ホームスタートは、1973年にイギリスのソーシャルワーカーが始めた活動で、現在では22か国で実施されており、虐待防止対策の一つとして位置付けられています。日本ではNPO法人ホームスタートジャパンがこの「家庭訪問型子育て支援ボランティア」活動を推進して

ホームスタートジャパンのロゴ

います。

　ホームスタートでは、未就学児がいる家庭にホームビジター(研修を受けた地域の子育て経験者)が週に1回家庭を訪問し、2時間程度、友人のように寄り添いながら傾聴(気持ちを受けとめながら話を聴く)や協働(育児や家事や外出を一緒にする)などを行います。ホームビジターとともに過ごす、一緒に公園や子育てひろばに出かけるといった活動を通して、地域の子育て支援や人々とつながるきっかけが生まれることもあります。

　また、ホームビジターの養成は地域の人材を掘り起こし、ボランティア活動を活性化させる、活動に関わる人をエンパワーすることにもつながります。ホームビジターは、利用者を支援することから喜びが生まれる、自身の子育てやこれまでの人生を考え直すといった自己省察の機会になる、と活動を振り返っています。ボランティアを活用した支援は、お互いが元気になる、力をつけるといった双方向型支援であると考えることができます。

　2024(令和6)年4月、**児童虐待**への対応件数が増加するなか、幅広い子育て世帯への支援を提供するとともに養育環境に問題を抱える家庭を把握することを目的として、こども家庭庁は**子育て世帯訪問支援事業**を新設し、「子育て世帯訪問支援事業ガイドライン」を策定しました。このように、地域子育て支援では、これまでの場所を用意して待つというスタイルから、資源を活用してもらうためには支援する側から積極的なアプローチをしていく、**アウトリーチ**が重要視されています。子育て環境や生活スタイルが多様化した現代社会では、よりカスタマイズされた支援が必要です。行政の介入が必要な緊急性の高い家庭と、支援ニーズがそれほど高くない家庭との間、つまり何かしらの問題を抱え機能不全状態に陥っている家庭をカバーして支援を届けることができる取り組みが求められています。アウトリーチ型子育て支援の一つであ

168 | 第Ⅱ部　幼児教育の実際

るホームスタートは、地域の子育て経験者が友人のように親子に寄り添いながらともに活動するなかで、親の悩みや不安を緩和しつつ、子どもの育ちを支えていく支援です。引きこもりがちな親子が、地域の子育て支援や人々とつながるためのきっかけづくりを応援する、有意義な取り組みであるといえます。

2.3　子育てを支える「ともに育てる、ともに育つ」

　このように、地域子育て支援事業においても、園での子育て支援においても、「ともに育てる、ともに育つ」といった考え方が重要です。「支援」というと、「してもらう」「お世話になる」、「してあげる」「お世話する」というように、支援をする側から支援を受ける側に「何かをしてあげる」という考えになりがちです。しかし、「してあげる」という姿勢は、どこかで双方に食い違いが生まれるものです。こうした食い違いを防ぐためにも、支援された側が支援する側へと移行していくことを目指す次世代育成事業やホームスタートのように、地域の子育て経験者がボランティア活動として子育て支援に関わり、やりがいを感じられる双方向型支援が推進されているのでしょう。

　こうした活動を参考に、園が行う子育て支援のあり方や、保育者としての支援の実際について考えてみると、園や保育者が保護者とともに子どもを育てるという「共育」の意識をもつことで、家庭や子どもとの関わりがスムーズになる可能性が見えてきます。地域に開かれた子育て支援の場として、「共育」を念頭に置き保護者支援にあたることは、保育者としての大きな成長にもつながっていくのではないでしょうか。

3 ▶ 心理・福祉の専門家との連携

　近年、子どもが集団生活を送る場では、他者との関わりがうまくいかない、環境や集団になじむことができないといった、何らかの困難を感じていると思われる子ども、いわゆる「気になる子」への支援がクローズアップされています。保育の場においても、こうした子どもとの関わりに、保育者が試行錯誤する姿が見られます。このようなことから、保育の場では心理士からの助言から子どもへの対応や環境構成を工夫するといった試みが行われています。

　また、課題や問題を抱える子どもやその家庭に対応する専門機関の一つとして児童家庭支援センターがあります。児童家庭支援センターは行政からの委託を受けた法人が運営する福祉施設であり、児童福祉法第44条の2に「地域の児童の福祉に関する

各般の問題につき、児童に関する家庭その他からの相談のうち、専門的な知識及び技術を必要とするものに応じ、必要な助言を行うとともに、市町村の求めに応じ、技術的助言その他必要な援助を行う」「あわせて児童相談所、児童福祉施設等との連絡調整その他内閣府令の定める援助を総合的に行うことを目的とする施設」と謳われています。集団生活の場における「気になる子」の存在と同様に、子どもに対する不適切な育児もクローズアップされています。児童虐待件数は増加傾向にあり、子どもをとりまく状況はさらに難しい局面を迎えています。国は**児童相談所**の増設や、児童相談所虐待対応ダイヤル「189」の開設など対応を図っていますが、児童虐待に関する報道を目にしない日はなく、今や社会問題となっています。

　一方で前節でも述べたとおり、児童相談所などの対応を必要とするほどではなくても、多くの親が子育てに悩みを抱えています。保育者ができる支援を超えた対応については、専門機関との連携が欠かせません。園や保育者には、行政サービス、地域資源を活用して、子どもと家庭への重層的な支援体制を構築していくことが求められています。

3.1　心理士との連携

　幼児教育では、個の育ちを大切にしつつ、集団のなかでの個の成長、集団全体の成長という視点も不可欠です。年中後半から年長にかけては、子どもたちが互いに折り合いをつけながら協同的な活動に取り組むなかで社会性を徐々に身につけたり、達成感を味わったりしてほしいという保育者の「ねがい」があります。しかし、なかには集団が苦手である、衝動を抑えることが難しい、環境の急な変化に適応しにくい、感覚の過敏があるなどから、皆と一緒に過ごすことができない子どももいます。佐伯胖は、保育（教育）で保育者（教師）に大切な視点は「教室で一番「（本人が）問題をかかえている」子どもを探し出すこと」[3]であると指摘し、「「何かを訴えているはずだ」という眼差しで接して、そういう「本人の心の苦しみ」にとことんつきあうという覚悟と姿勢を示すと、時間はかかっても、必ず相手は「心をひらく」──つまり「いっしょに、よく生きよう」とする」[4]ことであると述べています。保育者がこうした視点をもつことによって、対象児の内面や行動に変化が見られるかもしれません。しかし、こうした姿を見せる子どもたちのなかには、発達に課題を抱えているケースも考えられますので、専門家と連携してその子どもの行動の背景を探り、関わり方を検討していくことが大切です。

　多くの園では、行政等が派遣する巡回心理士の訪問などを活用して、専門家の視点

からアセスメント・助言を受け、その子にとってふさわしい関わり方を検討しています。また、専任の心理士や、臨床発達心理士などの資格をもつ保育者が常駐している園もあります。心理士が園にいることによって、日々継続して子どもの様子を観察し、保育者と緊密に連携して最善の対応を図ることができます。また、送迎の際などに心理士が親子の様子を確認することで、特に支援が必要な保護者を早期に発見し対応することができます。このように、幼児教育の場に心理職からの視点を取り入れることは、教育の質の向上とともに、子育て支援機能の強化としても有意義であると考えられます。保育者としての実践経験をベースとして、子どもの発達を理論的に捉え、心理士資格取得を目指すことも、保育者としての専門性向上、キャリアアップにつながるといえるでしょう。

3.2　要支援家庭への対応

　児童家庭支援センターでは、児童相談所が介入するほど深刻ではないものの、何らかの関わりが必要な子育て家庭への支援を行っています。主な支援内容として、保護者への相談業務、子どもの一時預かり、宿泊預かりシステムのショートステイなどが挙げられます。

　センターの利用者には、親自身がかつて被虐待児であり、社会的養護経験者であるケースも目立ちます（**虐待の連鎖**）。こうした環境で社会から孤立した家庭の場合、子どもが生まれても育て方・関わり方がわからず、しつけと称して虐待してしまうといったことが起こります。他にも、母親が発達に課題を抱えており、仕事と家庭、子育てを上手く両立させることができず、子どもと共依存的な関係に陥り、母子で引きこもり状態になっているケースなどが見られます。

　子どもが恐怖を感じるような関わりをすること、虐待とは言い切れないが避けるべき子育てを表す言葉に**マルトリートメント**（maltreatment）があります。マルトリー

トメントは「**不適切な養育**」と訳されており、児童虐待の4つのタイプ（身体的虐待・性的虐待・ネグレクト・心理的虐待）のすべてを指します。

友田明美は「幼児期に受けた過度なマルトリートメントに起因する愛着障害は、感情制御機能に問題が発生しやすく、うつ病や多動性障害、解離性障害などの重篤なこころの病へと推移する[5]」と述べています。さらにマルトリートメントを受けた被害者が成長して親になったとき、子どもに対してもマルトリートメントを行う確率は高いものがあるとしています[6]。不適切な養育を未然に防ぐこと、予防的な取り組みが大切であることは言うまでもありませんが、前述したように、加害者である親自身が被虐待者であるケースも多いことから、児童虐待の問題を考える際には親への十分な支援が重要であることが指摘されています。

このように、子どもに不適切な関わりをしてしまう親については、専門機関が連携して支援策を考える必要があります。こうした連携では、事例11−2のように園や保育者が重要な役割を担います。

事例11−2　「様子がおかしい」

2歳児／6月

　朝、一時預かりを利用するミキちゃんが、母親と兄とともに来所しました。受け入れをした保育士は、兄の顔に傷があることに気づきました。保育士が「お兄ちゃん、ここ、どうしたの？」と声をかけると、母親が「このあと、幼稚園に行くのにぐずぐずしているから」と答えました。保育士はそのままミキちゃんを預かり、母親が幼稚園に向かうことを再確認すると、すぐ園長に報告しました。園長は至急、兄が通う幼稚園に連絡し、同時に行政機関にも連絡を取りました。

　幼稚園では、登園後に母親を引き留め、園長が話を聞きました。その場に行政職員も駆けつけ、兄はそのまま児童相談所に一時保護されることになりました。

このケースでは、以前にも父親からの虐待により兄が一時保護されたことがあったため、保育士は常に母子の様子に注意を払っていました。このように、子どもが児童相談所に一時保護された家庭については、子どもを家庭に戻す際、行政機関や児童家庭支援センター、子どもが通う学校、幼児教育施設などその家族に関わっている専門機関で**カンファレンス**を行い、今後の対応を検討します。そして、保護された子ども

とそのきょうだい児も含め、児童家庭支援センターや保育所の一時預かりなどの利用を促し、行政の目が届くサポート体制をつくります。こうした専門機関の連携のなか、いち早く異変を察知できるのが保育者であるといえます。子育て家庭が機能不全になっている場合には、子どもの言動や服装、送迎時の保護者の様子などについて、特に注意を払うことが大切なのです。

3.3 家庭への包括的支援

　現代の子育て家庭の背景や課題、ニーズなどはさまざまです。こうした状況に対応するためには、行政機関や専門職による包括的支援体制を構築する必要があります。その際、専門機関の連携だけでなく、地域のニーズや資源を把握し、人材を確保することも重要です。園や保育者も、保健師や社会福祉士、心理士などと情報を共有し、支援体制の一翼を担うことが求められています。

　また、在園児についても、発達に課題がある、家庭に危機的な環境要因があるケースだけではなく、母親自身が先の見えない子育てのなかで、自ら不安をつくり出しているケースもあります。しかし、自分の気持ちを誰かに聞いてもらい、視点を変えていくことで不安が解消し、先に進めるようになることも少なくありません。

　このように、自分が抱える不安、不快感、イライラ、つらさ、悲しみといった感情を言語や行為によって開放し、浄化することを**カタルシス**といいます[7]。問題の直接的な解決には至らないとしても、誰かに話を聞いてもらい、共感してもらうことで、ある程度の落ち着きや満足感を得られるでしょう（カタルシス効果）。子どもにも大人にも、自分の思いを否定せずに聞いてくれる、共感してくれる人の存在が不可欠です。

　保護者への対応は、幼児教育施設における大切な仕事の一つです。悩みや不安を抱えた保護者に対して、できる限り時間をつくり話を聞くことで、心が軽くなります。

また、園に対する疑問や不安なども、話をするなかで解消する場合もあります。こうした関わりが普段の園生活のなかでも実現可能な、大切な子育て支援の実践といえるでしょう。

注

1）山縣文治・柏女霊峰編集委員代表『社会福祉用語辞典 第9版—福祉新時代の新しいスタンダード』ミネルヴァ書房、2013、p.251

2）ホームスタートの概要については、ホームスタート・ジャパン編／西郷泰之監修『家庭訪問型子育て支援「ホームスタート」実践ガイド』明石書店、2011などを参照。

3）佐伯胖「子どもを「教える対象としてみない」ということ」『発達』138、2014、p.9

4）同上

5）友田明美『子どもの脳を傷つける親たち』NHK出版、2017、p.171

6）同上、p.200

7）前掲1）『社会福祉用語辞典 第9版』、p.45

参考文献

櫻井慶一『児童・家庭福祉の基礎とソーシャルワーク』学文社、2016

認定こども園こどもむら
（埼玉県・久喜市）

「さようなら」という幼児の声が響いてきたかと思えば、「ただいま」とランドセルを背負った子どもの声が聞こえてくる。ここは、認定こども園など5つの乳幼児施設と学童クラブ、地域子育て支援センターを擁した、学校法人柿沼学園が運営する子どもと子育て家庭のための複合施設「こどもむら」です。学園の理念は「ここにいるっていいね、いっしょにいるっていいよね」。先が見えないなかでこの国を背負っていく、10年後、20年後の「未来を切り拓く子どもたちを育てる」ことを目標としています。

また、支援が必要な子どもや外国籍の子どもなど、異文化を含めた多様性を認める「みんなちがってみんないい」をモットーに全体的な保育計画を立案し、子どもの姿から日々の保育を振り返り計画を見直すといった、質の高い保育を行っています。さらに食育にも力を入れており、保育室でクラスごとにご飯を炊き、その香りによって子どもたちは空腹感を感じ楽しく食事に向かう、といった工夫がなされています。

また「こどもむら」は、認定こども園に求められる、子育て支援の拠点としての機能も果たしています。子育て支援センター「森のひろば」では、在園児のみならず地域の子育て世帯にも安心して子育てができる環境、集いの場を提供し地域コミュニティーの創生や子育ての情報発信といった援助を行っています。さらに、マタニティサポート・家庭訪問型サポート「にじいろのおうち」では、妊産婦ケアや第11章でも紹介した訪問型子育て支援「ホームスタート」事業を推進しています。

「こどもむら」の中心に位置する学童クラブに向かう入り口には、子どもたちに大人気の駄菓子屋「むすび堂」があります。ここには、園児や小学生だけでなく、近くの高校生も訪れ、子どもたちの居場所の一つになっています。また、園児の保護者や子育て支援の場で顔見知りになった親子、地域の人々が集えるカフェ「en-cafe」も賑わいを見せています。

乳幼児施設と学童保育、昔ながらの駄菓子屋、地域住民の憩いのカフェ、まさしく子ども・子育て中心の街、その真ん中に「こどもむら」があります。地域の縁（en）を結ぶ（むすび）、これからの社会が求める乳幼児施設のあり方を「こどもむら」は実現しています。
（加藤直子／協力：学校法人柿沼学園 認定こども園こどもむら 柿沼平太郎）

第12章
就学前施設と
小学校との接続
—— 遊びから「主体的・対話的で深い学び」へ

　2017（平成29）年の3法令改訂（第1章参照）により、幼稚園・保育所・幼保連携型認定こども園のいずれにおいても幼児教育の提供が明確に位置付けられました。では、改訂前まで各施設で幼児教育を提供していなかったのかといえば、そうではありません。幼稚園はこれまでも学校の一つとして幼児教育に取り組んできました。保育所については、かねてより「養護及び教育を一体的に行う」という役割を担っています。また、幼保連携型認定こども園は幼稚園と保育所の機能を併せ持つ施設です。どの形態の施設でも、各園が工夫して教育を実施してきたわけです。しかしこれまでは「教育」の解釈に大きな幅があり、例えば小学校の授業を模したような実践を行うところもあれば、一方で、ほぼ放任といえるような状態を「主体性を大事にした教育」と謳うような状況も見受けられました。

　3法令の改訂により、3歳以上児の教育に関する記述は共通した内容になりました。さらに小学校以上の学習指導要領においても、「育みたい資質・能力」などが幼児教育と共通する言葉で語られていますので、幼児期から初等・中等教育を貫く「柱」ができたといえます。そういった3法令のポイントにふれながら、本章では、就学前教育と小学校教育の接続において何が重要になってくるのか考えていきます。

1 ▶ 幼児教育と小学校以降の教育とのつながり

　2018（平成30）年から施行されている3法令には、幼児教育を通して「育みたい資質・能力」が示されました。以下にその3点を記します。

（1）豊かな体験を通じて、感じたり、気付いたり、分かったり、できるようになったりする「**知識及び技能の基礎**」

（2）気付いたことや、できるようになったことなどを使い、考えたり、試したり、工夫したり、表現したりする「**思考力、判断力、表現力等の基礎**」

（3）心情、意欲、態度が育つ中で、よりよい生活を営もうとする「**学びに向かう力、人間性等**」

　これらの「育みたい資質・能力」は「３つの柱」と呼ばれることもあります。この３つの柱は小学校以降の教育にもつながっており、小学校学習指導要領（2017）の総則では「小学校教育の基本と教育課程の役割」として以下の３つが記されています。

（1）**知識及び技能**が習得されるようにすること

（2）**思考力、判断力、表現力等**を育成すること

（3）**学びに向かう力、人間性等**を涵養すること

　要領や指針等と比べると、「基礎」という言葉はありませんが、基本的な内容は一緒です。つまり、幼稚園や保育所等で育つことが期待される「知識及び技能の基礎」や「思考力、判断力、表現力等の基礎」「学ぶに向かう力、人間性等」を土台にしながら、小学校やその後の学校教育では、これら３つの力をさらに育んでいくことが目指されているのです。

　これまで就学前施設と小学校以降の学校では、**連携**の必要性を意識しつつも具体的な方法は各園や学校の工夫に任されており、全国すべての園が小学校との連携を意識した教育活動を実施するのが難しい状況でした。例えば公立幼稚園と公立小学校だと、近隣にあるという立地の特性や、園長と校長が兼任という場合などもあり、比較的連携がスムーズだといえます。一方、私立園、とりわけ私立保育所と公立小学校の場合には、管轄する行政の担当課も異なり、園長と校長が兼任ということもありませんので、公立施設間のケースよりは連携が進めにくいわけです。また、１つの小学校区に複数の私立園があるので、すべての園と日常的に交流することは公立小学校の教育課程から考えると難しく、結果的に行事を通しての交流（小学校の行事へ地域の未就学児たちを招待する）が中心となる傾向にあります。

　今後は、どの園でも前述の３つの資質・能力を念頭に置きながら実践していくこと

で、小学校に入学した時点での子どもたちの経験の違いが小さくなるのではないか
と考えられます。

2 ▶ 幼稚園幼児指導要録、保育所児童保育要録、 幼保連携型認定こども園園児指導要録

　園児一人一人の育ちについて小学校へ申し送りをするために、各園では、**「幼稚園
幼児指導要録」**「**保育所児童保育要録」**「**幼保連携型認定こども園園児指導要録」**とい
う公的な記録を作成します。一般的に「要録」と呼ばれるこれらの記録は、大きく2
つの部分から構成されています。

園の在籍記録

　子どもや保護者の名前や住所などの情報、園の基本的情報、そして入園・卒園の日
付などを記入します。

教育・保育に関する記録

　子どもの育ちの姿や指導の過程について、5領域や「幼児期の終わりまでに育って
ほしい姿」などを軸に記入します。

　この要録は公簿ですので、各園から進学する小学校へ送られますが、園側も20年
間は保管することになっています。かつては幼稚園だけが要録の作成を求められてい
ましたが、のちに保育所や認定こども園にも作成が義務付けられました。

　さて、小学校に送られた要録はどのように活用されているのでしょうか。

事例12－1　**要録はどう活用されるか**

　園から送られる要録のうち教育・保育に関する部分、つまり子どもの育ちに
関する記録は、保育者が書く日々の記録が大事な資料となります。対象となる
子どものどういったところが強みで、また、どういったことが苦手なのか。そ
してその苦手なことは、どういった指導を行うことで克服されてきたのかな
ど、今後その子の指導にあたる教師の役に立つような書き方をしてあると有効
に働くでしょう。

　普段からその子のことをよく知っている担任等が記録を書きますが、最終的
には、園長等の管理職も確認をしたうえで要録を完成させます。この要録は小
学校に入学してからの指導に生かされ、とりわけ入学当初でまだ子どもの様子
がわからない頃はこの要録が効果的に働きます。

178 | 第Ⅱ部　幼児教育の実際

　保育所保育指針が2008（平成20）年に改定された際、保育所においても要録の作成が義務化されましたが、それ以前は、幼稚園からは要録が提出されるが保育所からは提出されないなど、子どもたちの要録が揃わない状況でした。そのため、一部の園から小学校へ届く要録も十分に活用されていない場合があったのです。しかし現在はほとんどの子どもが就学前施設に通っているため、ほぼ全員の要録が小学校に送られていることになります。小学校においては園から送られた要録をぜひ有効に活用してもらいたいものです。

　『保育所保育指針解説』（2018）には、「小学校との連携」という項目があります。ここでは「ウ　子どもに関する情報共有に関して、保育所に入所している子どもの就学に際し、市町村の支援の下に、子どもの育ちを支えるための資料が保育所から小学校へ送付されるようにすること」とあり、その説明として以下のように記されています。

　　保育所での子どもの育ちをそれ以降の生活や学びへとつなげていくことは、保育所の重要な役割である。保育所では保育の内容や方法を工夫するとともに、小学校への訪問や教師との話し合いなど顔の見える連携を図りながら、子どもの日々の保育を充実させ、就学への意欲を育てていくことが求められる。
　　その上で、保育所の生活を通して一人一人の子どもが育ってきた過程を振り返り、保育における援助の視点や配慮を踏まえ、その育ちの姿を的確に記録することが必要である。こうした記録を基に、子どもの就学先に送付し、小学校において子どもの理解を助け、育ちを支えるための資料として簡潔にまとめたものが保育要録である。[1]

　要録は小学校側の子ども理解を助けるものですが、このような記録の共有に加えて、子どもたちの様子を実際に見て知ってもらう連携があるとより効果的です。

事例12-2　本当に知りたいこと

　小学校教諭のＳ先生は、現在担任を外れ、校務として特別支援教育コーディネーターを担っています。秋頃から地域の幼稚園や保育所等を訪問し、次年度に自分が勤める小学校へ入学してくる年長児たちの様子を見せてもらっています。例年10月から11月にかけて「就学時健康診断」が実施され、年長児は

近隣の小学校へ保護者と出向き、健康診断や知的発達の簡単な検査や面接を受けます。この健診は子どもたちの心身の健康を測る目的のもと、学校保健安全法で義務付けられていて、小学校就学の6か月くらい前には実施されることになっています。

一方、小学校の教師が園を訪問し、事前に子どもの様子を知っておくことは義務ではありませんが、小学校側にとっては大変貴重な機会となっています。要録だけではわからない、集団のなかにいるときの子どもの様子を直接見ることは、学級編制を行うためにもとても重要な情報です。

　小学校としては入学してくる子どもたちの姿を思い浮かべながら学級編制を行い、担任を決定していかなくてはなりません。その際、どういった学級になりそうか、その学級にはどの教師が適任かを検討する必要があります。一方で園側が要録を書く際には、子どものことを否定的な表現で書くことは推奨されません。例えば活発でじっとしていられないような子であった場合に、「多動傾向があります」などと書くのではなく、「様々なことに興味をもって活発に行動します」といった肯定的な記載にしつつ、その姿に対してどのような指導・援助を行ってきたかを記す必要があります。そして小学校側は、その子が授業を受けるうえで困難があるかどうか、小学校ではどのような支援が必要になりそうか、要録の情報や園を訪問する機会などを活用して子どもの姿を総合的に捉えていきます。

　就学時健康診断（前述）では、子どもたちは緊張した面持ちで小学校へやってきます。小学校の教師が子どもたちのことを知るには、健診という非日常的な場よりも、いつも生活をしている園での姿を見る方が効果的でしょう。園では遊びを中心とした教育を行っているため、例えば落ち着きのない子どもだったとしても、遊びのなかではそういった特性が目立たないことも多くあります。一方で、小学校では着席して過ごす時間がどうしても増えます。一定の時間じっとしていられない子どもがいる場合、個別の支援や授業の工夫などがより求められるでしょう。もちろんそういった点だけが問題になるわけではありませんが、学級編制をどうするか、担任はベテランにするか若手にするかなど、検討事項はたくさんあります。入学予定の子どもたちについて理解を深めておき、学校生活のスタートをより望ましいものにしていきたいというのは小学校側にとって切実なねがいです。そういった観点からも、園と小学校が連携して、教師・保育者が行き来しやすい関係をつくっておくことはとても重要です。

3 ▶ アプローチカリキュラムとスタートカリキュラム

　かつて「小1プロブレム」という言葉が盛んに用いられ、小学校へ入学してきた子どもたちが教室内でじっとしていられないといった問題が大きく取り上げられました。入学後間もない子どもたちが学校生活に大きな戸惑いを見せ、授業中も立ち歩いてしまうなどの姿が現れるのはなぜでしょうか。その要因の一つとして、就学前と小学校でのカリキュラムの展開の仕方に大きな違いがあるということが考えられます。

　小学校の授業は、教科別に授業内容を進めていく**教科カリキュラム**のスタイルをとっています。一方、幼稚園など就学前施設では、教育内容が領域別に分かれているわけではありません。子どもたちの遊びや活動を通してねらいを総合的に達成していくスタイルをとります。こういった活動や経験を通しての学びを軸にした教育方法を、**経験カリキュラム**といいます。この異なるカリキュラムで行っている就学前教育と小学校教育をつなぐのが、小学校における経験カリキュラムの代表的教科である生活科です。小学校では生活科を軸に、就学前教育との接続を検討、実践しています（図12－1）。

　また教育内容の配列も小学校と就学前施設では異なります。小学校では、教科別に系統的な指導を行っていくため、授業の内容をきちんと理解できていない児童は次の段階に進むのが難しくなります。例えば小学校で習うかけ算の九九だと、2年生の内容として「乗法九九について知り、1位数と1位数との乗法の計算が確実にできること」と小学校学習指導要領算数編に記されています。1ケタと1ケタのかけ算を「確実にできること」を目指すということです。この九九を2年生の段階で身につけておかないと、3年生以降の分数や小数の理解が難しくなります。このように系統立てられたかたちで教育内容が示され、それぞれが達成すべき目標として提示されているのが小学校以降のカリキュラムの特徴で、これら到達すべき教育目標のことを**到達目標**といいます。

理科

理科の見方・考え方

身近な自然の事物・現象を、質的・量的な関係や時間的・空間的な関係などの科学的な視点で捉え、比較したり、関係付けたりするなど、問題解決の方法を用いて考えること

総合的な学習の時間

探究的な見方・考え方

各教科等における見方・考え方を総合的に活用して、広範な事象を多様な角度から俯瞰して捉え、実社会や実生活の文脈や自己の生き方と関連付けること

社会

社会的事象等の見方・考え方

位置や空間的な広がり、時期や時間の経過、事象や人々の相互関係などに着目して社会的事象を見出し、比較・分類したり総合したり、国民の生活と関連付けること

生活科

〈身近な生活に関わる見方・考え方（案）〉

身近な人々、社会及び自然を自分との関わりで捉え、よりよい自分や自分自身の生活について考えること

各教科等の特質に応じた生活科（案）

具体的な活動や体験を通して、身近な人々、社会及び自然に関わる活動に取り組み、自立し生活を豊かにしていくための資質・能力を、次のように育成することを目指す

○活動や体験の過程において、自分自身、身近な人々、社会及び自然の特徴やよさ、それらの関わり等に気付くとともに、生活上必要な習慣や技能を身に付けるようにする

○身近な人々、社会及び自然を自分との関わりで捉え、自分自身や自分の生活について考え表現することができるようにする

○身近な人々、社会及び自然に自ら働きかけ、意欲や自信を持って学んだり生活を豊かにしたりしようとする態度を育てる

［スタートカリキュラム］を通じて、各教科等の特質に応じた学びにつなぐ

- 健康な心と体
- 自立心
- 協同性
- 道徳性・規範意識の芽生え
- 社会生活との関わり
- 思考力の芽生え
- 自然との関わり・生命尊重
- 数量・図形、文字等への関心・感覚
- 言葉による伝え合い
- 豊かな感性と表現

幼児期の終わりまでに育ってほしい姿

※各教科等の「見方・考え方」を踏まえて、関係性を示したものである。また、「幼児期の終わりまでに育ってほしい姿」の項目の濃淡は、小学校教育との関連性があるかのように示したものであり、基本的にはすべての教科にかかわっているが、濃い部分は特に教科等につながりを考えていくことが求められるもの。幼児教育において小学校教育を前倒しで行うことを意図したものではない。

小学校中学年

教科等の特質に応じた「見方・考え方」や資質・能力を育むとともに、総合・統合していく学び

小学校低学年

生活科を中心としたスタートカリキュラムの中で、合科的・関連的な指導も含め、子供の生活の流れの中で、幼児期の終わりまでに育った姿が発揮できるような工夫を行いながら、短時間学習なども含めた指導の工夫を行うことにより、幼児期に総合的に育まれた「見方・考え方」や資質・能力を、徐々に各教科等の特質に応じた学びにつなげていく時期

接続

幼児期の終わりまでに育ってほしい姿が手がかりとしながら、幼児の得意なところやよさを伸ばしたいところを見極め、それらに応じた関わりをより、より自立的・協同的な活動を促したりするなど、意図的・計画的な環境の構成に基づいて「見方・考え方」や資質・能力を育む、バランスよく「見方・考え方」や資質・能力を育む時期

幼児教育

遊びや生活の中で、幼児期の特性に応じた「見方・考え方」や資質・能力を育む学び

（未就園段階：家庭や地域での生活）

図12-1 生活科における教育のイメージ

出所：文部科学省「生活・総合的な学習の時間ワーキンググループにおける審議の取りまとめ（生活）」、2016

182 | 第Ⅱ部　幼児教育の実際

　同じように、幼稚園教育要領等にも、幼児期に体験したり身につけておいた方がよいと思われることが示されていますが、目標や内容の記述は小学校と異なります。要領の「幼児期の終わりまでに育ってほしい姿」の（8）には、「数量や図形、標識や文字などへの関心・感覚」という項目があります。その具体的な内容として以下のように記されています。

　　　遊びや生活の中で、数量や図形、標識や文字などに親しむ体験を重ねたり、標
　　識や文字の役割に気付いたりし、自らの必要感に基づきこれらを活用し、興味や
　　関心、感覚をもつようになる。

　ここには、「数量や図形」について「興味や関心、感覚をもつようになる」と記されています。ただ、どこまで、どのように「興味や関心、感覚」をもってほしいのか、具体的には記されていません。小学校のような、1ケタのかけ算を「確実にできるようにする」という具体的な記述とは異なるものです。

　数量に興味や関心をもつというのは、お店屋さんごっこのように遊びのなかで商品の数をかぞえたり、お金を作ってやりとりするようなことでしょうか。それとも、100くらいまでの数が数えられたり、数字を書いたり読んだりできるようになることでしょうか。要領には詳しく記されていません。ただ「興味や関心、感覚」とされているので、数量や図形を正確に理解することとは異なるようです。『幼稚園教育要領解説』（2018）には以下のように記されています。

　　　幼児は遊びや生活の中で、身近にある数字や文字に興味や関心をもったり、物
　　を数えることを楽しんだりする場面が見られるなど、教師や友達と一緒に数量や
　　図形、標識や文字などに触れ、親しむ体験を重ねていく。5歳児の後半になると、
　　それまでの体験を基に、自分たちの遊びや生活の中で必要感をもって、多い少な
　　いを比べるために物を数えたり、長さや広さなどの量を比べたり、様々な形を組
　　み合わせて遊んだりすることなどを通して、数量や図形への興味や関心を深め、
　　感覚が磨かれていく。（中略）
　　　教師は、幼児が関心をもったことに存分に取り組めるような生活を展開する中
　　で、一人一人の数量や図形、標識や文字などとの出会いや関心のもちようを把握
　　し、それぞれの場面での幼児の姿を捉え、その活動の広がりや深まりに応じて数
　　量や文字などに親しめるよう、工夫しながら環境を整えることが大切である。そ

の際、一人一人の発達の実情などに即して、関心がもてるように丁寧に援助するとともに、幼児期には、数量や文字などについて、単に正確な知識を獲得することを目的にするのではないことに十分留意する必要がある。[2]

　「自分たちの遊びや生活の中で必要感をもって」興味や関心を抱いていること、また、「単に正確な知識を獲得することを目的にするのではない」ことがポイントです。「遊びを通しての総合的な指導」とは、何らかの知識や技能だけを取り出して一方的に教えるのではなく、子どもたちが遊びや生活のなかで自ら必要だと感じて、自分で調べたり保育者に尋ねたりしながら知識や技能にふれていけるようにすることです。ですから、子どもたちが遊びのなかでどういった経験をするかによって、何にふれるかどうかも左右されます。保育者は、子どもたちの年齢や時期に応じた発達の姿を想像しながら、園生活のすべての時期にわたる教育課程や全体的な計画を作成し、子どもたちに経験してもらいたいことを組み込んでいきます。子どもたちが興味・関心をもてる経験をイメージしながら活動やねらいを検討するということです。こういった、ある方向性をもったねらいのことを**方向目標**と呼びます。方向目標は到達目標とは違い、達成すべきことを具体的に定めているわけではありませんが、どの子にとっても経験することが望ましい内容となっています。そのため数量や図形についても、どの程度興味や関心をもつかは一人一人異なりますが、園における遊びや生活のなかでそのような方向性をもった経験を積み重ねることを目指していきます。

　このように小学校と幼稚園等の就学前施設とでは、カリキュラムの展開や教育目標の立て方が異なるために、小学校への移行にはさまざまな工夫が必要となります。

　こういった問題意識を背景に、文部科学省や地方自治体で取り組んでいるのが**スタートカリキュラム**です。スタートカリキュラムとは、「小学校へ入学した子供が、幼稚園・保育所・認定こども園などの遊びや生活を通した学びと育ちを基礎として、主体的に自己を発揮し、新しい学校生活を創り出していくためのカリキュラム」[3]とされています。

　一方、円滑な接続を目指して就学前に行う活動は**アプローチカリキュラム**と呼ばれ、「就学前の幼児が円滑に小学校の生活や学習へ適応できるようにするとともに、幼児期の学びが小学校の生活や学習で生かされてつながるように工夫された5歳児のカリキュラム」[4]とされています。ただこちらは、解釈を間違えると小学校の授業を受ける「練習」のようになってしまう可能性もあります。そのため、アプローチカリキュラムは「小学校教育の先取りではない」ことをあらためて認識しておく必要があります。[5]

184 | 第Ⅱ部　幼児教育の実際

　就学前の準備として、長い時間椅子に座らせておくようなトレーニングは必要ないと考えます。例えば子どもたちが虫に興味をもち、熱心に本で調べたり、その虫を再現しようとして製作に集中していたら、結果的に長時間着席していたという姿につながるでしょう。また、就学が近づいてきた5歳児クラスの子どもであれば、気の合う仲間同士で協同的な活動に取り組んだり、行事に向けてさまざまな準備をしたりということも増えてきます。そのような活動に参加して皆で一緒に考えていくことが、「協同性」の育ちや「社会生活との関わり」を意識することにつながっていきます。このように考えると、何か新たに特別な取り組みを考えるのではなく、幼児教育で大切にされてきたことを保育者があらためて意識して実践していくことが、小学校入学前においても重要であるということがよくわかります。

4 ▶ 接続期カリキュラムのポイント

　東京都ではアプローチカリキュラムのことを就学前教育カリキュラムと呼んでおり、そのモデルを報告書で示しています。[6] ここで提示されている3つの視点は、就学前だけでなく小学校にも深く関係する重要なポイントとなっています。その3つの視点とは、「幼児と児童の交流」、「保育士・教員の連携」、「保護者への理解啓発」[7] です。ここからはそれぞれのポイントに分けて見ていきましょう。

4.1　幼児と児童の交流

　就学前の子どもたちにとって、小学校での学びや生活は楽しみでもある一方、不安や緊張も伴うものです。そういった緊張感を軽減し、就学前から小学校への移行を滑らかにするためには何ができるでしょうか。

　まずは小学校の環境や教員、そして児童たちとの接点をもつということが大きいでしょう。今まで一度も行ったことのない、知らない人ばかりのところへ通うには不安が伴いますが、知っている人が迎えてくれると思えば気持ちも楽になります。具体的には「きょうだいの運動会があり、小学校に行ってみたことがある」、「小学校の先生に会ったことがある」などがあげられますが、きょうだいのいない子や自分が長子の場合はそれも望めません。

　そこで、就学前の子どもたちに小学校を知ってもらったり、園児と児童がふれ合う機会を設けるために行われているのが園と小学校との交流活動です。交流活動の積極的な取り組みについては章末のコラムで紹介していますが、ここではより導入しやす

い交流活動についてふれておきます。

　先ほどもあげた運動会など、行事を通しての交流活動は小学校側にとって比較的行いやすいものです。小学校としても各園からの交流活動の要望に応えたいところですが、1つの小学校区内に多くの園があるため、すべての園と個別に実施するのは現実的ではありません。そこで、運動会や作品展などに近隣の園児を招いて、小学校に来てもらうということが行われます。この方法だと、同じ日に多くの園児が小学校に入れますので、校内の様子や小学生の姿を見るという点は達成できます。こういった行事の際に、園児が参加できる活動があったり、またその参加のサポートを小学校高学年の児童が行ったりすることができれば、さらに一歩進んだ交流活動となるでしょう。

4.2　保育士（保育者）・教員の連携

　事例12-2でも述べたように、小学校就学の時期が近くなると小学校教員が幼稚園や保育所を訪問する場合もあります。ただこれだけでは特定の時期に限定した連携になってしまいますので、日頃から保育者と小学校教員が交流・連携することが期待されます。

　一例として、小学校区ごとに行われる保幼小合同研修会や、幼児教育研修会があります[8]。保幼小合同研修会とは、学区内の小学校の教員と園の保育者が参加する研修のことで、公立幼稚園や小学校などを会場に公開保育・公開授業を行い、その後、参加者を小グループに分けての協議会、幼児教育に対する理解を深めるための講演会などが企画されています。また、研修が顔合わせの機会にもなっています。

　園側、特に私立の園にしてみると、公立小学校へ教職員同士の交流を持ち掛けるというのはなかなかハードルが高いことでしょう。誰にどう連絡したらよいかの判断も難しいかもしれません。上記のような合同研修会があれば、教職員が互いに顔見知りになれますので、そういった場をきっかけに保育者から小学校の教員へ交流をもちかけてみてもよいでしょう。

4.3　保護者への理解啓発

　このように小学校側の幼児教育に対する理解は以前よりも大きく進んでいます。かつて考えられていたような「小学校教育はゼロからのスタート」ではなく、幼児教育を土台にしたうえでの学びなのだということが小学校側にもしっかり伝わってきています。今後は小学校教諭だけでなく、保護者にも旧来の教育観を改めてもらうことが重要になってくるでしょう。

186 | 第Ⅱ部　幼児教育の実際

　小学校や園には、参観に来た保護者に向けて、目の前の子どもたちの経験がどういった学びにつながっているのかをわかりやすく伝えてもらいたいものです。実際、すでにそういった取り組みを行っている学校や園も多くあります。その際に、例えば幼児教育や学校教育を専門とする研究者などから、今日の実践を踏まえて「そこにどういう学びがあるのか」「今日の経験が今後の学校における学びとどうつながっているのか」といった視点が示されることは、**架け橋期**の学びへの理解を深めてもらうよい機会になるでしょう。筆者も何度かそのような場で保護者に話をしたことがあります。午前中の実践の様子を写真に収め、その写真をスライドに投影しながらそこでのエピソードがどういった学びにつながっているか、わかりやすい言葉で伝えることが重要です。このような取り組みは保育者や小学校教諭も行っており、例えば園だよりやクラスだよりを通して伝えている事例もあります。

　外部の専門家が入ることで期待できる効果は、第三者の視点から実践の意義が伝わるため、保護者が普段とは違った構えで話を聞いてくれることです。このような取り組みを通して、園から小学校への架け橋となるこの時期の実践が有機的につながっているのだということを保護者に理解してもらい、「園や学校の実践を支えていこう」という思いを引き出していけるとよいでしょう。

　学校教育は「教える人」と「教わる人」で成り立っていて、教えてもらうことが学ぶことだという認識が世の中に強く残っています。しかし、私たちの学びは「教わる」ことからだけでなく、自らの「経験」にも大きく支えられています。とりわけ教科に関する学び以外のところは、後者の方がより大きな割合を占めているのではないでしょうか。

　皆さんが幼児教育に興味をもったきっかけは、これまでの「経験」が土台になっていませんか。幼児期にあこがれの保育者と出会ったからでしょうか、それとも中学校の職場体験で訪れた園での経験が印象深く残っているからでしょうか。いずれにしろ、保育者になりたいということは誰かに教えられたものではなく、自らの経験から紡ぎ出された想いに他なりません。このように経験を通して子どもたちに多くのことを学んでもらいたいという考えが幼児教育の基盤です。幼児教育についての学びを進めてきた皆さんは、今後、保育者としてだけではなく保護者という役割を担うこともあるでしょう。そうなった暁には、園での生活は小学校以降の学びにもしっかりとつながっているのだということを、改めて思い出して目の前の子どもたちと向き合ってみてください。

注

1）厚生労働省編『保育所保育指針解説』フレーベル館、2018、p.291

2）文部科学省『幼稚園教育要領解説』フレーベル館、2018、pp.68-69

3）国立教育政策研究所『スタートカリキュラムの編成の仕方・進め方が分かる スタートカリキュラムスタートブック—学びの芽生えから自覚的な学びへ』、2015、p.2

4）国立教育政策研究所「幼小接続期カリキュラム全国自治体調査」

5）愛知県幼児教育研究協議会編「愛知の幼児教育【平成24・25年度報告】小学校教育を見通した幼児期の教育を考える—接続期における教育課程・保育課程の編成に向けて」、2014

6）東京都教育委員会編「就学前教育カリキュラム改訂版」、2016

7）3つの視点は、「就学前教育プログラム」（2010）で示され、就学前教育カリキュラムで活用を推奨されています。

8）港区教育委員会編「港区幼児教育振興アクションプログラム」、2021などを参照。

Column

世田谷区立給田幼稚園
（東京都・世田谷区）

　世田谷区立給田幼稚園は、道路を挟んで隣にある区立給田小学校との交流活動を積極的に行っています。コロナ禍の影響があり交流が難しい時期もあったのですが、少しずつ方法を変えながらも交流は良い形で継続されています。

　給田幼稚園と小学校の交流はソーラン節が軸になっています。初めは、幼稚園の年長（5歳）児がキッズソーランを踊ることになったときに、小学校5年生からソーラン節を教えてもらうことがきっかけとなりました。小学生も学校でソーラン節を踊っていたからです。5歳児と5年生の交流なので「5・5交流」と呼ばれています。5歳児と5年生というところが重要で、次の年の春に5歳児が入学すると、昨年度の5年生が6年生になり新入学児を迎えてくれます。そのことが、新入学児の小学校生活に対する不安を取り除き安定した小学校生活へとつながっていると感じます。

　5歳児が小学校へソーラン節の練習を見に行くことや、逆に5年生が幼稚園へソーラン節を教えに来ることもあります。教えに来る際には、総合的な学習の時間を活用して「どうやって教えたら幼稚園の子どもたちにわかりやすく伝えられるか」を、ワークシートなどを使って事前に考えています。かつて5年生が教えている姿を見たときには、園児が好きなアニメを例に出し「（アニメに出てくる）〇〇のように足を高く上げたらかっこいいよ」というように教えていました。以前は5歳児1人に対して5年生が2～3人のチームに分かれ大人数で教えに来ていましたが、現在は園児数が減ったこともあり、小学生が学級ごとや10数人のグループに分かれて交代で教えに来るそうです。

　こういった交流は幼稚園の年間計画や小学校の教育課程のなかにしっかりと位置付けられ、ソーラン節交流の他にも遊び交流や授業見学を通した交流があります。

　また、子どもたちの交流だけでなく、教員の交流が盛んに行われているのもポイントです。教員同士の研修を定期的に実施し、小学校の研究授業に幼稚園教諭が、幼稚園の研究保育に小学校教諭が見に来ることもあります。そのため互いの教育実践をよく知ることができ、相互の教育への理解がより深まります。また、教員同士が親睦を深めることも期待されています。このような教員間の相互理解が、子どもたちの交流をより良いものにしているといえるでしょう。

（請川滋大／協力：世田谷区立給田幼稚園　芳賀淳子・鵜澤知子）

第13章

現代の幼児教育の課題

1 ▶ 保育者の専門性とは

　保育者は保育のプロ（プロフェッショナル、専門家）です。本書全体を通して、保育者がいかに多種多様な知識・技術を必要とされる職業であるかを実感できたはずです。また「保育者の専門性とは何か？」という問いについて考えるとき、本書の目次を見るだけでも、その専門的資質が多岐にわたることが理解できるでしょう。

保育者の専門性
・子どもをとりまく社会状況への関心・理解（第1章、第2章）
・日本や諸外国の教育に関する知識や、多様な教育観への理解（第3章、第5章）
・遊びを通した総合的な教育への理解（第4章、第6章、第7章）
・遊びの環境構成や援助に関する具体的スキル（第4章、第6章）
・保育や保育後の勤務に協力して取り組む協働性（第8章）
・子どもの姿から発達や育ちを見取る観察力、考察力（第9章）
・保護者に寄り添い、子育て支援を効果的に行う力（第10章、第11章）
・小学校以降の学校機関や、地域社会と積極的につながる社交性（第12章）

　本章では、次世代を担う子どもたちのために、これからの保育者にいっそう求められる専門性とは何か考えていきましょう。

190 | 第Ⅱ部　幼児教育の実際

2 ▶ これからの保育者に求められる資質Ⅰ

2.1　多様な人々とともに生きる社会

　世界にはさまざまな国籍、文化、人種、民族、性別が存在します。近年は日本でも、外国籍の子どもが通う園は珍しくありません。言語や文化の異なる子ども同士が、互いを認め合い、共生する園生活を送るための支援が求められています。

　また、生き方に対しても本人の選択が重視される傾向にあります。例えば「毎日学校に通う」「結婚する」という考え方がマジョリティ（多数派）の社会では、不登校や独身の人はマイノリティ（少数派）とみなされ、偏見の対象となりかねません。しかし、人数の多少で判断せず、どのような生き方も等しく認められ、多様な人々がともに暮らす社会となることが大切です。

　ここでは特に、性のあり方の多様性について取り上げます。以下は、ままごと遊び中の保育者と子どもの会話です。

（リホちゃんはミルクを飲むまねをしている）
保育者「今日は 3 人家族なんだね。リホちゃんが赤ちゃん役かな？」
リホ「うん、リホが子どもで、サワちゃんとソウタくんがママなんだよ」

　皆さんはこの 3 人の役の状況をどう受けとめますか。「ソウタくんはパパじゃないの？」という思いが浮かぶのではないでしょうか。女の子であればママやお姉さん役、男の子ならパパやお兄さん役になるのが「自然なこと」「普通のこと」と感じる人が多いことでしょう。これは「体が女性の人は心も必ず女性であり、体が男性であれば心も必ず男性だ。人は必ず男性か女性に分けられる」という考えが、長らく常識とされてきたからです（性は男女どちらかであるという考え方は男女二元論と言います）。現在では少しずつですが性のあり方は多様だということが知られるようになってきました。

2.2　多様な性

　現在、私たち人間の**「性のあり方」（セクシュアリティ）**は図13－1のように理解されています。[1]

　性的マジョリティ（性的多数者）とは、異性に対して恋愛感情をもち、割り当てら

第13章　現代の幼児教育の課題 | 191

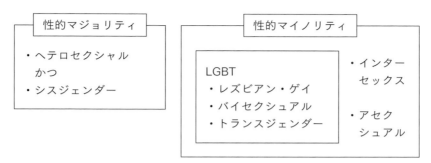

図13－1　セクシュアリティの解釈例
出所：石田 仁『はじめて学ぶLGBT─基礎からトレンドまで』ナツメ社、2019、p.15

れた性別に違和感を覚えない人のことです。性的マジョリティだけが存在する世界のままごとは、「心と体が女性で、男性を好きになる女性」というママ役と、「心と体が男性で、女性を好きになる男性」というパパ役以外ありえない、ということになります。しかし実際の世界はそうではありません。性のあり方は、自認する性（性自認：自分の性別をどう認識しているか）、体の性（生物学的な体のつくり）、好きになる性（性的指向：恋愛対象となる性）、表現する性（性表現：服装や行動、ふるまい）という４つの要素の組み合わせによって分けられています。

　例えば、生まれたときは男性器があり戸籍上で男性となるものの、物心がついたときには「私は女の子なのに、どうして男の子の列に並ばないといけないの？」と違和感を抱いている子がいるということです。この子の場合、見た目や体のつくりは男の子で、自認する性は女の子だと考えられます。そしてそのような子は特別に存在するのではなく、当然存在するのです。

　性のあり方は非常に多様で、その境界は虹の色のように曖昧であるとされています。自分の性を一言で表すことは難しく、本人自身も迷っていたり、図13－1にあげたような名称では説明できない場合もあるといいます。性のあり方は、他者から決められたり診断されたりするようなものではないのです。

　前述のままごと場面では、ソウタくんが自分でママ役を選んだ可能性もありますし、リホちゃんやサワちゃんがソウタくんの思いを聞かずに役を決めた可能性もあります。どの子も遊びのなかで自分の思いを出せるように「みんな、やりたい役を選んだのかな？」と尋ねることは援助として適切でしょう。しかし、「ソウタくんは男の子なのにママなの？　おかしいね」など、女性性を選ぶことに疑問を投げかけたりする発言は、保育者自身のジェンダーバイアスを子どもに押し付けることになるのです。

2.3 「男らしさ、女らしさ」ではなく「その子らしさ」

　大人は、しばしば子どもへステレオタイプの性イメージを押し付けることがあります。赤色やフリルが入った服を着た女児に対して「女の子らしくてすてき」と善意でほめますし、男児が少々乱暴な言葉づかいであっても、「男の子だもんね」と許容します。一見すると違和感のない態度ですが、別の側面から見ると「赤やフリルは女の子のアイテム＝男の子が身に着けるのはおかしい」、「男の子は言葉づかいが乱暴なもの＝女の子が乱暴な言葉を使うのはおかしい」というイメージや固定観念を、子どもへ染み込ませているともいえます。

　図13−2に登場するキーワードは、本来女らしいとも男らしいとも定めることができないものばかりです。しかし、これらに出会ったとき保育者自身が普段からそれを「女の子らしい／男の子らしい」ものとイメージしていると、「あなたは女の子だからお花マークにしてあげたよ」「男の子なのにメソメソ泣いてるのはおかしいよ」というように、無意識に不適切な言葉、態度を示してしまいます。

　子どもは、身近な人たち、身近な社会の価値観を「あたりまえ」として吸収します。「水玉の服、あなたらしくてすてきだね」と保育者や養育者が「その子らしさ」を認めるような関わりを心掛けることで、その子は多様な性を「あたりまえ」のこととし

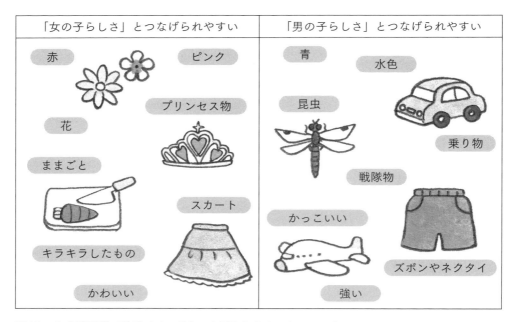

図13−2　保育現場で性別イメージとつなげられやすいキーワード
出所：薬師実芳・笹原千奈未・古堂達也・小川奈津己『改訂新版 LGBTってなんだろう？─自認する性・からだの性・好きになる性・表現する性』合同出版、2019を参考に筆者作成

て受けとめ、他者を尊重できる思考が育っていくのではないでしょうか。

　多様な性のあり方に対しては、まだまだ思い込みや偏見が強く存在します。特に私たち大人は子どもよりもはるかに柔軟性に乏しく、主観的な価値観や思い込みになかなか気がつけないということを自覚する必要があります。研修や保護者向けの子育て講演会を通して多様な性のあり方について知識を広げ、園と保護者が一体となり子どもへの関わりを考えていけることが望まれます。

3 ▶ これからの保育者に求められる資質 II

3.1　多発する自然災害

　21世紀の世界は、人工知能（AI）の急速な発展に後押しされ、私たちに便利で効率的な生活をもたらしています。しかしAIを駆使する人間の力をもってしても思い通りにならないもの、それが自然災害や疾病の流行です。2000年以降の日本では、大地震、豪雨や大型台風による土砂災害、噴火といった自然災害が日本全国のあらゆる場所で発生しています。2020年の新型コロナウイルス感染症の流行により、日常生活が一変したことも記憶に新しいでしょう。幼い子どもをとりまく状況も例外なく影響を受け、休園により登園ができない時期もありました。

　災害は、いつどこで発生するか正確な予測ができません。発生自体を予測できた場合でも、想定外の規模であったり二次災害が発生したりと想像を超える被害をもたらします。保育者は、園児たちと被災する可能性をゼロにすることはできません。慣れ親しんだ散歩コースを歩いているとき、あるいは園外へバスで訪れた芋掘り遠足の最中でも起こりえます。子どもたちを安全な場所へ誘導するまで待ってくれる災害はないのです。

3.2　備えを見直す

　どの園でも防災用品を備え、**避難計画**を立案し、**避難訓練**を実施しているでしょう。火災、地震、洪水など状況によって避難行動は変わりますので、建物の劣化や地域の街並みの変化に常にアンテナを張り、計画の見直し・改善をしていくことが必要です。

194 | 第Ⅱ部 幼児教育の実際

> **事例13-1　防災意識の見直し**
>
> 　2011年3月11日、都内の幼稚園で働くＡ先生は、午後の預かり保育中に東日本大震災を経験しました。幸い園内の全員がケガもせず無事で、夜までには全家庭へ園児を引き渡すことができました。
> 　Ａ先生の園は普段から防災訓練の実施や避難経路の確認、災害時の食料や水といった備蓄を心掛け、園全体の災害への意識も低くはなかったといいます。しかし、震災後にあらためて遠足時の防災用品を見直してみると、水や乾パンは遠足バスに積んでいたものの、これでは実際に遠足先で被災しても量が足りないことに気づきました。Ａ先生たちは園児一人当たりにどのくらいの防災用品が必要かを会議で話し合い、防災用品の種類や数を見直すこととしました。

　この園では、防災の意識はあったものの、被災した場合の具体的な状況を想定して備えるまでには至っていませんでした。実際に遠足先で被災したら、食料や水が足りない事態となり、保育者の焦りや不安が園児にも伝わるという悪循環が起こっていたかもしれません。計画を立てておけばよい、ひとまず備えておけばよいという意識は危険です。園全体で専門的な研修を受けたり、自治体や行政と協力したりしながら、現実的かつ具体的な備えをしておくことが重要です。

　また、災害時の二次避難先というものがあります。園近隣の広い公園などを指定することが多いですが、これも折に触れ現状を知っておくとよいでしょう。トイレや水場はどの程度使用可能であるか（園児数に見合っているのか）、公園へ向かうルート上で工事は行われていないかなども見ておきましょう。交通量の少ない道を避難経路に想定していたつもりが、駐車場や店舗ができて車の出入りが増えていることもあります。街並みの変化を園の避難計画と照らし合わせて確認することが大切です。

3.3　子どもの特性に合わせた避難

　見慣れない場所や、突発的な指示による行動が苦手な子、また大きな音やいつもと違う状況に対して過度に恐怖感を抱く子にとって、災害時は非常に恐ろしいものです。日頃の避難訓練から、個別の援助が必要と考えられる子を保育者同士で確認し合ったり、個別の支援計画を立てておいたり、子どもと一緒に避難先の場所を見に行く、防災用ヘルメットを被ってみるなど場所や物に慣れておくとよいでしょう。

　また、避難誘導や保護者への連絡など、避難計画を立てる際はあらゆる役目を教職

第13章　現代の幼児教育の課題　| 195

員が分担して係を割り振ります。あえて特定の役目を担わず、子どもへのフォローを主目的として臨機応変に動ける保育者を決めておくことも必要です。保育者全員がこわばった表情で緊張感を漂わせると、子どもたちは不安を高めてしまいます。落ち着いてゆったりと向き合える保育者がいることで、子どもは安心して迎えや救助を待つことができます。

3.4　保育中の事故

　保育施設で起こる事故は、例えば睡眠中の突然死、食物アレルギーを起こす食材の誤食、給食の異物混入、中毒（化学物質や薬）などがあげられます。[3]

　2023（令和5）年に教育・保育施設等から報告された負傷件数は2,772件で、その内訳は骨折が約8割（2,189件）を占めます。また、死亡の報告は9件で、その死因は窒息、病死、溺死がそれぞれ1件、その他（死因不明を含む）が6件です。死亡時の状況は睡眠中が4件、プール活動・水遊び、食事中がそれぞれ1件、その他の状況が3件です。[4]

　子どもの死亡や重篤な事故を防止するために国が通知したガイドラインでは、睡眠中の子どもから目を離さず仰向けに寝かせることや、プール活動・水遊び中の監視体制、食事中の介助などについて、具体的な注意点がまとめられました。[5]

3.5　ヒヤリハット

　事故寸前で保育者が気づき、大ケガにつながらなかったという場面もあります。この「事故の過程は進んだものの結果に至らなかったできごと[6]」を、ニア・ミスといいます。ニア・ミスのなかでも、一瞬ヒヤリと感じたり、不意にハッと気づくような認知を**ヒヤリハット**と呼びます。[7]

事例13-2　A先生のヒヤリハット

　朝9時、登園直前の保育室を見回すと、床に画びょうが落ちていました。それは朝の保育準備中に、A先生が急いで壁の掲示物を貼り替えた際に落としたものでした。朝日に照らされて光る画びょうに気づけたA先生は、子どもの登園前に画びょうを拾うことができました。

　A先生が教育実習で行ったB園では、掲示物に画びょうを使わない方針でした。就職したC園では慣習的に掲示に画びょうを使っています。画びょうは危

196 | 第Ⅱ部　幼児教育の実際

ないのでは？と当初Ａ先生は思いましたが、先輩から「テープで画びょうと掲
示物をくっつけていれば落ちないよ」と教わり、Ａ先生も画びょうを使うよう
になっていました。しかし今朝のように、貼り替えるときに落とすこともある
と気づき、園の慣習とはいえ画びょうを使うことに抵抗を感じるようになりま
した。

　事例13−２では、よもや園児の足裏に画びょうが刺さるというケガにつながると
ころでした。偶然にＡ先生が気づいたことでケガを防げたので、ヒヤリハットといえ
ます。Ａ先生は就職先の園が画びょうを使っていると知ったとき、危険ではないかと
「ハッと」しています。実習園では「画びょうを使う＝危険」という考えを学んでい
たからです。ただ、新人という立場もあり先輩からのアドバイスを信頼し画びょうを
使い始め、いつしか「画びょうを使っても危険はない」という考えになっていたよう
です。

3.6　園全体で考え、共有する

　画びょうは、ケガにつながるリスクが高い用具といえるでしょう。Ｃ園では、画び
ょうを掲示物と接着させるという工夫により、ケガのリスクに備えてきました。しか
し、事例のように掲示物を片付ける際に画びょうが床へ落ちるという可能性が出てき
ました。

　ここでＡ先生がすべきことは、朝の出来事を園内の同僚や管理職へ話すことです。
そして園全体で、このことを共有したり、今後の画びょうの使用について考え直す場
を設けることが大切です。画びょうを使用しない、という選択は解決の近道ですが、
それでケガの可能性がなくなるとは限りません。新しく使用し始めた掲示グッズにも、
思わぬケガのリスクはあります。また、園舎によっては画びょうでしか掲示できない
壁など、構造上の事情もあることでしょう。使用する画びょうの数を減らす掲示方法
を心掛けたり、使う画びょうの数をメモしておき、片付けるときに数えるようにする
など、まずは保育者自身がケガのリスクを減らす方法を考えて取り組むことが大切で
す。

　また、最も大事なのは、新人のＡ先生が勇気をもって報告した出来事を、保育者一
人一人が共感的に受けとめ、わが身のこととして考えられる園風土です。「Ａ先生は
考えすぎ」「慣れれば、うっかり落とすこともなくなるよ」と、Ａ先生自身の性格や

第13章　現代の幼児教育の課題 | 197

経験年数が原因だとして、ヒヤリハット報告をなかったことにしてしまう組織はとても危険です。自分とは異なる見方や意見を、「違っていて、おもしろい」[8]と受けとめられる関係づくりが必要です。

3.7 「ケガや事故は起こる」という意識

「ケガや事故は起こる」とは誤解を与えかねない言葉です。これは筆者が幼稚園教諭だったとき、安全管理に関する研修で知った考え方です。保育者対象の研修でしたが、講師は航空関係の**危機管理**に関する専門家でした。その講師が言うには、飛行機を飛ばすときの前提は「事故を絶対に起こさない」ではなく「事故は起こる、起こったときにどうするか」だというのです。これは、事故を起こしてもよいということでは決してありません。どんなに対策を施しても、上空ではさまざまな条件が絡み合い、防ぎようのない事故が起こることは事実であり、航空関係者は事故が起こったときにどのような判断をくだし、どのように行動するか、そして被害や犠牲者をどれだけ最小限にとどめるかを考えておくことが大切だ、という話です。

これは、保育場面においても同様のことがいえます。日頃からケガや事故が起こらないよう環境を整備することは当然ですが、子どもは日々成長し行動が変化しますし、遊びは無限の創造性をもって展開されます。絶対に安全、100％安全という状況はどこにもないと自覚しなければなりません。

「ケガや事故は起こる」という自覚をもって保育に臨むと、目の前の状況から5秒先に危険な出来事は生じないかと常に予測しようとする意識が生じます。「今この瞬間、死角になっている場所はないか？」と意識してチェックするなど、その瞬間に取れる安全管理を考え実行するようになります。ケガや事故は起こっていいことではありません。しかし、起こることを想定しない保育者や、ケガを起こさないことばかり考えて発生後の対応から目をそむけている保育者が、ケガや事故の際に処置を施すことができるでしょうか。

手当ての方法やAEDの使い方など、実践的なスキルをすべての教職員が学んでおくことは非常に重要です。誰かが対応できればよい、ではなく誰でも臨機応変に対応できる保育者集団であるべきです。さらに、危機管理意識を根本的に検討できるような研修を通して、安全や危険に対する意識を高め合える組織となることが望まれます。

198 | 第Ⅱ部　幼児教育の実際

4 ▶ 説明責任とパートナーシップ

　園には教育理念や教育方針があります。幼稚園教育要領は幼稚園教育のあり方を示す道しるべですが、そこに各園の特色や考え方（保育観、子ども観）が肉付けされて実践は展開されるのです。

　幼稚園を例に考えてみましょう。「幼稚園」であればどこも同じと考えている保護者は、入園後に「なぜこの園は着替えが多いの？」「うちの子は登園したら年長クラスに遊びに行ってしまうけれど大丈夫？」と驚くこともあるでしょう。自園の教育方針や教育内容を実現するためには、保護者の園理解が不可欠です。保護者の理解と協力、園への信頼があって幼稚園は子どもたちを受け入れることができるわけですので、幼稚園には、保護者に園の教育を伝える**アカウンタビリティー（説明責任）**があります。

4.1　入園前

　たいていの園は入園説明会を行っているので、保護者はそこで園の方針を知り、入園後のわが子の生活にイメージをもち、園の教育に共感と理解ができると考えてから入園を決めることでしょう。園長など園の責任者にあたる教員は、園の魅力や特徴といえるような活動を伝えるだけでなく、自園の子ども観や、幼児期にふさわしい園生活について、具体的に説明することが重要です。例えば「小さなケガを重ねて大きなケガを防ぐ」と考える園もあれば、「ケガをさせない園環境」にこだわりをもつ園もあります。どちらの園に入園するかで、わが子のケガの頻度は違いますし、ケガをした場合の保護者の受けとめ方やケガの意味も違います。教育に絶対的な正解はありませんので、園と保護者はできるだけ近い**教育観**、**子育て観**、**子ども観**をもっていることが望ましいでしょう。

4.2　入園後

　園の方針に共感して入園した家庭でも、いざわが子が園生活に入っていくと、さまざまな不安や疑問が生じる場合もあります。例えば、好きな遊びの時間は園のどこで過ごしてもよいし、誰と遊んでもよい園であるとします。入園前からそういう園だとわかっていても、わが子が担任の先生とは全く違う場所で、年上の子どもばかりと遊んでいると聞けば、保護者は「うちの子は協調性がないのでは？　先生は見てくれて

いるのかな？」と不安になるかもしれません。保育者から、「入園初期はその子の心の居場所を見つけることを最優先している」「園内の保育者がクラス関係なく子どもを受けとめて、保育後に情報を伝え合っている」という方針や援助を繰り返し伝えていくことで、保護者は安心して子どもを送り出せるようになるでしょう。担任が個別に伝えることもできますが、毎年耳にする保護者の悩みだとすれば、4月の園だよりや学年だよりに掲載すると決めておくのもよいでしょう。また、園の責任者から送られる言葉にはより重みがあるものです。誰がどのようなツールを通して発信するのか、という点も戦略的に考えてみる必要があります。

4.3　双方の立場に応じた説明

　いざこざや衝突から子どもにひっかき傷やたんこぶができることがあります。保育者はケガの程度や行った処置を保護者へ伝えるだけでなく、なぜそのような事態が起こったのかという経緯や、ケガのあとに保育者がとった関わりについて伝えることが重要です。子ども同士のケンカとはいえ、保護者への説明を丁寧に行わないと、のちに保護者同士の関係に響いたり、園に対する信頼感の低下につながりかねません。

　3つの異なる幼稚園で教員を務めたT先生から聞いた話です。A園では、保護者が園へ直接迎えに来ており、いざこざでケガがあった際は、降園時に双方の保護者と、T先生を交えた3者で話すのが慣習でした。子ども同士もその場にいるので、子どもとともに「こういうことがあったんだよね」「ごめんってしたんだよね」と振り返るように話しながら、保護者同士も詳細を知り、謝罪したり、謝られた保護者がフォローしたりする様子だったといいます。B園はバス通園でした。保育後に担任のT先生がそれぞれの家庭へ電話で詳細を説明し、その後保護者同士が連絡を取り合って謝ったり和解したりするという2段階を踏んでいました。C園もバス通園でしたが、経緯の説明や双方へのフォローは電話ではなく保育者がそれぞれの連絡帳へ記入して知らせていました。降園に間に合うよう、昼食時に急いで記入していたといいます。

　皆さんは、どの園の対応がよいと思いましたか。メリット・デメリットは何でしょうか。どの伝え方、どの対応方法が最良かという判断は人や園の保育形態によって違うかもしれません。いずれにせよ、子ども、保護者、保育者の全員にとって過度な負担とならない説明状況や、感情的なしこりが残らないフォローをすることが大切です。

200 | 第Ⅱ部　幼児教育の実際

4.4　ともに育てる者として

事例13−3　子育てのパートナーとして

　D先生は、ユリちゃんを入園時から3年間担任しました。ユリちゃんのことならすべて知っている気持ちです。ユリちゃんの卒園後、D先生はユリちゃんが家族と遊ぶ場面を見る機会がありました。

　ユリちゃんには3歳下に弟がいて、その日も弟の相手をしながらとてもやさしく頼りになる姉として遊んでいました。D先生は、在園していた頃を思い出して、園でのユリちゃんとは少し違うことに戸惑いました。園での彼女は、どちらかというと皆に引っ張ってもらうおっとりタイプで、自分の思いを主張できているか、遊びのなかで十分に自己発揮できているかと心配な時期があったからです。そのため、降園時や面談でユリちゃんの母親と話しているときは、人間関係や集団生活での姿を彼女の課題として伝えていました。

　しかし、家庭での姿はとても頼もしく、家族が見るユリちゃんはいつもこんなにもしっかりしていたのなら、果たして担任から聞かされるわが子の様子をどのような気持ちで受けとめていたのだろう？とD先生は思いました。ユリちゃんの成長を願って課題として伝えていましたが、そうではなく園で見られる姿を、個性として喜び伝えていたら、母親と共感し合える話をもっとできたのではないか、とも思ったのです。

　ユリちゃんの両親はいつもD先生を信頼してくれて関係も良好でしたが、D先生は、両親と同じ方向を向いたパートナーになれていたのだろうか、と振り返りました。

　その子を3年間受け持ち、すべてを理解しているつもりになっていた担任が、その子の全く違う姿に出会ったエピソードです。子どもは家庭と園でふるまいや個性の出し方、ポジションなどが同じとは限りません。家では甘えん坊でも園ではリーダータイプの子もいますし、家ではいつもふざけている子が、園ではしおらしくなることもあります。子どもにとって園は社会ですので、大人が家庭と会社でふるまいを変えるように、子どもも園では社会向けの自分で過ごします。それ自体は問題ではありませんが、保育者が園で見ている姿だけをその子として理解していると、保護者とは大きく違うその子の像をつくり上げることになります。「家庭と園、どちらが本当のその子なのか？」と考えるのではなく、家庭と園両方の姿を理解することで、その子の

「本当の姿」に近づけるのです。

　保育者は、子どもが園で過ごす間その子の人生を預かる存在であり、保護者にとって重要な子育てのパートナーでなければなりません。しかし、保育者は子どもの成長を願って実践にあたっていますから、時として厳しい目で子どもを捉えることになります。保育者が願う姿と違えば違うほど、それはその子の「個性」ではなく「課題」にすり替わってしまうのです。保育者から見れば課題と感じる様子も、家庭から見ればわが子が園で自分なりにがんばっている姿と映るのです。保育者は、園での様子を保護者へ伝えるだけでなく、保護者の目に映る子どもの姿にも寄り添い、今その子はどのように成長しているところなのかと、保護者とともに考えながら歩んでいけるとよいですね。

注

1）LGBT という用語では多様な性的マイノリティ（性的少数者）を包含していないため、近年ではLGBTQやLGBTQ+と表現が用いられることもあり、それ以外の新たな用語も増えています（参照：葛西真記子『心理支援者のためのLGBTQ+ハンドブック—気づき・知識・スキルを得るために』2023、誠信書房、p.5）。

2）薬師実芳・笹原千奈未・古堂達也・小川奈津己『改訂新版 LGBT ってなんだろう？—自認する性・からだの性・好きになる性・表現する性』合同出版、2019、p.7

3）掛札逸美『子どもの「命」の守り方—変える！事故予防と保護者・園内コミュニケーション』エイデル研究所、2015、p.25

4）内閣府「「令和5年教育・保育施設等における事故報告集計」の公表について」、2024

5）「教育・保育施設等における事故防止及び事故発生時の対応のためのガイドライン」、2016

6）前掲3）『子どもの「命」の守り方』、p.27

7）同上。なお、同書の指すニア・ミス全体をヒヤリハットとする考え方もあります。以下の文献では、ヒヤリハットを「起きてしまった出来事のうち、傷害を免れたもの」としています。
西田佳史・山中龍宏編『保育・教育施設における事故予防の実践—事故データベースを活かした環境改善』2019、中央法規出版、p.22

8）前掲3）『子どもの「命」の守り方』、p.158

公私連携・幼保連携型認定こども園はやきた子ども園
(北海道・安平町)

　外遊びと生活を中心に保育を組み立てているはやきた子ども園では、行事も子どもたちと話し合ってつくっていきます。その年のお泊まり会は森のデイキャンプがテーマでした。森の中にステージをつくりBBQのあとは夜の森で発表会。1日目を楽しみ遊び疲れてホールで寝ていた午前3時7分、大きな揺れが園を襲いました。2018年9月6日の深夜、40人以上の犠牲者を出した北海道胆振東部地震(最大震度7)がお泊まり会の最中に発生したのです。

　園にいる先生は最少人数、北海道全域の電気が止まり水も電話もつながりません。道路も寸断され保護者も迎えに来られません。保育者達はICTを活用し保護者と連絡を取り、園児には散乱した園内を見せないよう配慮しながら笑顔で子どもと接し夜明けを待ちました。建物被害のないことが確認されたため園を臨時避難所として開放、園も被災2日後から再開し子どもを受け入れました。

　災害が起こると生命の安全が確保されれば大人たちは自分たちの生活復旧が最優先になります。そのため子どもたちの心身のケアはどうしても後回しになり、そのことがPTSD(心的外傷後ストレス障害)へとつながることがあります。

　園再開後、子どもたちの様子はそれまでと一変しました。一人でトイレに行けない、保育者からまったく離れられない、必要以上にくっついてくる、大きな声や奇声を発して走り回る。そんな子どもの姿に戸惑いながらも保育者はありのままの子どもの姿を受け入れ、穏やかに丁寧に一人一人と関わっていきました。5歳児が地震ごっこ言って積み木を壊し、2歳児が水や食料の配給を真似て避難所ごっこをして遊びます。しかし、そのようにしながらも少しずつ子どもたちが落ち着いていくのも見えてきました。

　大人は不安な気持ちを言葉で表現することができます。自分の判断で行動に移すこともできます。しかし、それらが上手くできない幼児は遊びの中でしか不安を出すことができません。遊びを通して気持ちを発出し、遊びを通して気持ちを落ち着かせていくのです。「遊んじゃダメ」「○○しちゃダメ」ではなく、子どもの心の動きに対して専門性をもっている保育者が受容的に応答的に子どもと関わり遊ばせることが大切です。

　災害は日常から遊びと生活を奪います。保育は遊びと生活が中心です。園が再開するということは災害という極限の状況の中でも遊びと生活が戻るということでもあります。園は子どもたちにとって心の避難所、保育者は子どもにとって心の救助者であり支援者だと思います。

(北海道安平町教育委員会教育長 井内 聖〔当時はやきた子ども園園長〕／協力：北海道文教大学 渡邉尭宏)

終　章
幼児教育について
考えるということ

1 ▶ 幼児教育で大切にしたいこと

　ここまで読み進めてきた皆さんにとって、どの内容が最も印象に残ったでしょうか。最終章となるこの章では、あらためて幼児教育について考えてもらいます。

　本書では、保護者に託されて幼稚園教諭や保育士が園で行う幼児教育を中心に扱ってきました。時代によって、また国によって、幼児教育で大切にされていることは異なるということを感じ取ってもらえたら嬉しいです。巻頭の「はじめに」で述べたことは、今の日本では、幼児教育の目的が「生きること」から「お金を稼ぐこと」や「良い学校に行き良い会社に入ること」に置き換わっていないかという危惧からきています。どのような教育が良いかを考える際には、それぞれの子どもや大人が生きるその時代の文化、そしてそれを裏付ける歴史や思想といったものが少なからず影響します。文化や歴史が違えば、幼児教育における価値観もまた異なってくるのです。

　例えば、コンゴのエフェ族の子どもは生後11か月くらいで鉈を使います[1]。エフェ族の子どもたちは大人が鉈を使う姿を身近に見ながら育ちますが、現代の日本では、大人が子どもの前で日常的に鉈を使ってみせることも、ごく幼いうちから使えるよう促すこともまずないでしょう。もしエフェの大人に、「日本の子どもは小学校受験をするために3歳から塾に通っています」と伝えたらさぞ驚かれるでしょうが、同様に、私たちがエフェの子どもの姿に驚くのは日本にはそういった文化がないからです。文化圏によって、住む人の「当たり前」が異なるのです。

　家庭よりも仕事を優先する傾向が強い日本においては、子どもに対して、仕事に邁進する大人になるよう促すことも当たり前と捉えられています。こういった考え方は変わりつつあるものの、今も仕事偏重の価値観が残っていると言わざるを得ません。

ただ、どのような時代においても、大切にしなければいけない教育の基本というものがあるはずです。幼児教育を学ぶにあたって、子どもが育つとはどういうことか、幼児教育で大切にしなければいけないことは何だろうかということを一度立ち止まって考えてもらいたいというのが筆者の素朴なねがいです。

　日本では、ごく幼い頃から塾や習い事で忙しくしている子どもが少なからずいるという現実があります。自分の子どもに対して、「将来、経済的に安定した生活を送ってほしい」と保護者が考えるのは自然なことでしょう。そのような考えから、「子どものうちから可能性を広げておきたい」「将来を見越して、早くから学校教育や受験に備えておきたい」と、さまざまなことを教えてくれる場に通わせている側面があるわけです。しかし、このように大人の考えだけで幼児期の教育を進めていくと、大人が良いと考えることだけを経験させる、子どもにとって望ましくないことや失敗はできるだけ排除するということにつながりそうです。結果として、子どもの生活の大部分が大人の思いや大人の都合だけで決定されてしまうのではないでしょうか。

　「良かれと思っていろいろな経験をさせることの何が悪いのか」と考える人もいるでしょう。もちろん、子どもに望ましい経験をさせたいと思うことは大人にとっては当然の感覚です。ただ、大人が与えた経験の質や幅が子どもにとって望ましいものになっているかよく考える必要があります。皆さんも自分のことを振り返ってみてください。大人の目を逃れて過ごした時間が大切な経験になっているのではないでしょうか。少々羽目を外したり、親が望まないような場所へ行ってみたりした経験が、その後の生活に大きな影響を与えることはよくあります。幼児期に友達とのいざこざで泣いたことや、嫌なことを言われて悔しい思いをしたこともあるでしょう。今から振り返ればそれらが学びの機会になったことも多くあるはずです。「悪口を言われるのは悲しい」「友達が悲しい思いをするから、悪口を言ってはいけない」といったことを、経験を通して肌で感じ取っているのです。

　大人が「転ばぬ先の杖」を常に用意していたのでは、転んだときの対処の仕方を身につけることができません。子どもが育つなかで尊重されるべきなのは、「子ども自身が何を選択するか」ということです。子どもも大人と同じように意思をもった一人の人間なのに、幼ければ幼いほどその想いは脇に置かれてしまいがちです。自らの考えに基づいて行動する機会や、自らの気持ちに基づいて選択する機会を教育のなかで保障していくことが、一人の自立した大人を育てることにつながっていきます。その子にとっての望ましさを常に大人が決めてレールを敷いてしまうと、自分の頭で考え判断することが難しくなっていくでしょう。小さなことからで良いので、子どもが自

終章　幼児教育について考えるということ　｜　205

分で考え選択する機会を大切にしていく必要があります。

　子どもが自分で「考える力」、考えたことを「表現する力」、そして周りの子どもや大人が表現したことを「受けとめる力」。幼児教育において、これらの力が育つよう意識していれば、その子の就学後の学校生活でも、さらにその先の人生においても学びが生きていくことでしょう。

2 ▶ 幼児期の育ちに大人はどう関われるか

　幼児期は生活の大部分を大人に守られていますが、自我を大きく発達させる時期でもあります。自分がやりたいこと、やりたくないことを感じながら園や家庭での生活を送っています。自己発揮したいという気持ちが強く表れる時期だからこそ、自分の思いを表現し、自分で活動の選択をするという経験が重要になってきます。子どもの活動の範囲を大人がすべて決めてしまっては、子どもが何をしたいのかを自ら考えたり選択したりする重要な機会を逃してしまいます。幼児教育について学んでいる皆さんには、「幼児期だからこそ」と考えて、子どもがチャレンジするための時間や機会を確保してもらいたいのです。

　このような考えに対しては、「子どもが自分勝手になってしまわないか」と心配する声があがるでしょうか。しかし、年齢の近い子ども同士で過ごす集団生活では、自分勝手に振る舞いたくても思いどおりにはいかないものです。道具やおもちゃの取り合いもしばしば起こります。そのようなとき、「どうやったらこの道具を使えるだろうか」「今は使えないけれどまた後で使うにはどうすればよいか」などと、どうしたら自分の想いを実現できるか模索せざるをえないのです。家庭ではなく、園という集団のなかで教育を受けることの大きな意味がそこにあります。他者と共に生活をするなかで、自分と相手の想いの衝突にどう折り合いをつけるかという大きな学びの機会を得るのです。常にもめごとが起こらないような状況にいたら、そういった学びの機会を得ることはできないでしょう。また、もしモノの取り合いのような状況になったときに大人がいつも解決していたら、それらを解決するすべも身につかないままに大きくなってしまうかもしれません。

　幼児教育は遊びを通しての学びであるということをこの本を通して伝えてきましたが、子どもたちの日常は遊びにあり、その遊びのなかには学びの要素がたくさん詰まっています。ただその遊びは自発的なものでなくては活動を選択したことにはなりません。たとえ遊びと称していても、大人から指示され、やらされていることは、もは

や遊びではないのです。

3 ▶ 幼児教育について考えるとは

　ここまで、子ども自身が考えたり選択したりする機会を大人が奪ってしまうことへの懸念を示してきましたが、では子どもにとってどのような教育が望ましいと考えるべきなのでしょうか。

　幼児教育が目指すべき方向については、教育基本法や学校教育法、そしてより詳しい内容は幼稚園教育要領や保育所保育指針等に示されています。ただし、具体的な方法や計画が提示されているわけではありません。つまり実際の計画や方法については各園、各保育者が考えなくてはなりません。教育基本法や幼稚園教育要領等に示されている幼児教育の基本を意識しつつも、大切なのは目の前にいる子どもたちがどういったことに興味・関心を示しているのか、しっかり把握することです。よく練られた計画ができたとしても、目の前の子どもの姿を無視して進めようとすれば、これから伸びていこうとする芽を摘み取ってしまうことになりかねません。園全体としての計画はもちつつ、日々の子どもたちの姿をしっかりと捉え、その姿に合わせながら翌日以降の計画を見直していくのが幼児教育の適切な方法です。

　保育者があるねがいをもって環境を構成しても、子どもたちが全く興味を示さない場合もあります。それは、保育者の働きかけ方に課題があるのか（計画・環境などの問題）、子どもの興味を的確に捉えられなかったのか（子ども理解の問題）、さまざまな要因が考えられますが、いずれも、保育者の側が丁寧に進めていかなければならないことばかりです。

　ただ誤解してほしくないのは、常に「間違いなく」行うことが重要なのではありません。もしどこかに足りない点があったとしても、そこに気づいて再検討する時間や余裕をもっているかどうかがポイントです。その具体的な方法については、本書のなかで実践例を多く紹介してきました。あらためて振り返ってみてください。

　最後に、倉橋惣三が記した『育ての心』から、「子どもらが帰った後」という短文を紹介します。

　　子どもが帰った後、その日の保育が済んで、まずほっとするのはひと時。大切なのはそれからである。

　　子どもといっしょにいる間は、自分のしていることを反省したり、考えたりす

終章　幼児教育について考えるということ　｜　207

る暇はない。子どもの中に入り込みきって、心に一寸の隙間も残らない。ただ一心不乱。

　子どもが帰った後で、朝からのいろいろのことが思いかえされる。われながら、はっと顔の赤くなることもある。しまったと急に冷汗の流れ出ることもある。ああ済まないことをしたと、その子の顔が見えてくることもある。── 一体保育は……。一体私は……。とまで思い込まれることも屡々である。

　大切なのは此の時である。此の反省を重ねている人だけが、真の保育者になれる。翌日は一歩進んだ保育者として、再び子どもの方へ入り込んでいけるから。[2]

どうぞこのような気持ちを大切に、保育者になりたいと思った頃の初心を忘れずにいてくれたら嬉しいです。

注

1）バーバラ・ロゴフ／當眞千賀子訳『文化的営みとしての発達—個人、世代、コミュニティ』新曜社、2006、p.4

2）倉橋惣三『育ての心』（上）、フレーベル館、1976、p.45

索　引

*注釈・文献名・資料名等を除く本文を対象とした。

あ行

アウトリーチ 167
アカウンタビリティー（説明責任） 198
預かり保育 54, 121-123, 126-127
アセスメント 143, 170
遊びの質 63-64, 67
遊びを通しての総合的な指導（遊びを通した総合的な指導） 23-24, 51, 53, 55, 57, 60-61, 183
アトリエ 70, 72-73, 84, 129
アトリエリスタ 73, 84, 129
アニミズム 58, 104-105
アフォーダンス 91-92
アプローチカリキュラム 183-184
アベセダリアンプロジェクト 18-19
アリエス（P. Ariès） 43
生きる力 60, 104
稲垣佳世子 106
医療的ケア児 22
『隠者の夕暮』 48
内田幸一 105
エピソード記録 137
『エミール』 45-46
エリス（M. J. Ellis） 68
延滞模倣 66
エンパワー 167
オーウェン（R. Owen） 48
小川博久 63, 88, 111
恩物 49-50

か行

カイヨワ（R. Caillois） 58

核家族化 21, 37
学習指導要領 61, 150, 175-176, 180
学制 49
学童保育→放課後児童クラブ（放課後児童健全育成事業）
隠れたカリキュラム 82
架け橋期 12, 186
カタルシス 172
学級編制 118-120, 122, 179
学校教育 132, 142, 148
学校教育法 54
学校保健安全法 179
家庭教育 48
カリキュラム 26, 130
カリキュラム・マネジメント 26, 131-133
環境構成 61, 67-68, 90-93, 95, 101
環境図 139
環境を通して行う（環境を通して行う教育） 53, 85-86, 109
観察学習 100
カンファレンス 126-128, 171
危機管理 197
城戸幡太郎 51
基本的人権 14
虐待の連鎖 170
教育課程 26, 121, 130, 132
教育課程に係る教育時間 121
教育基本法 13-14
教科 52
教科カリキュラム 180
共生社会 80
協同性 81-82
キリスト教 45
記録 133-143
倉橋惣三 50, 64, 109, 206

『ぐりとぐら』 124
ケイ（E. Key） 77
計画 144-146
経験カリキュラム 180
経験主義 45
経済協力開発機構→OECD
形成的評価 143
月齢 133
原罪 45
合計特殊出生率 21, 37
高度経済成長 35
子育て援助活動支援事業（ファミリー・サポート・センター事業） 166
子育て世帯訪問支援事業 167
こども家庭庁 13, 54, 164
こども家庭庁設置法 164
こども基本法 13-15, 54, 164
子ども・子育て関連3法 54, 161
子ども・子育て支援新制度 22, 161
こども誰でも通園制度 22
子どもの家 71
子どもの権利条約 54
子どもの最善の利益 15, 161
『〈子供〉の誕生』 43
子どもの貧困 21
こどもの貧困の解消に向けた対策の推進に関する法律 20
子ども理解 68, 133
コハンガ・レオ 77

さ行

栽培 33
佐伯胖 169
サークルタイム 66, 68, 129
『サザエさん』 38
三世代世帯 38

三間	149	消極教育	46	多様性	80, 190
時間	89-90	省察	145	短期的な計画	146
自己肯定感	104	少子高齢化（少子化）		地域子育て支援拠点事業	165
資質・能力→育みたい資質・能力			21, 37, 156	地域社会	150, 158
力		象徴機能	58	地域資源（地域の資源）	
次世代育成事業	166	食育	40, 101		149, 151, 158
自然主義教育	46	ショートステイ	170	小さな大人	43
持続可能な開発目標（SDGs）	102	ショルシュ（A. Schorsch）	43	中央教育審議会	36, 148
質（活動の質／幼児教育の質／実践		診断的な評価	142	中世	43
の質／質の向上）		人的環境	88	長期的な計画	146
	26, 116, 125-127,	スクール・レディネス型	117	直接体験	34, 36
	131-132, 147	スタートカリキュラム	183	津守真	68
実習日誌	134-136	性格形成学院	48	テ・ファリキ	78
実体験		生活科	180-181	デモクラシー→民主主義	
	34, 40, 66, 102-103, 107	生活技能	40	デューイ（J. Dewey）	56
児童家庭支援センター	168, 170	生活体験（生活経験）		東京女子師範学校附属幼稚園	49
児童虐待	167		31, 36, 150-151	到達目標	62, 180, 183
児童相談所	169	生活を通した教育	48	ドキュメンテーション	
児童中心主義	51	セクシュアリティ	190-191		72, 74, 76, 84, 125, 136,
児童福祉法	13, 54, 161, 168	世代間交流	154, 156		143, 162
社会教育	148-149	説明責任→アカウンタビリティー		特別支援教育コーディネーター	
『社会契約論』	45	全体的な計画	131-132		178
社会情動的スキル	19	専門性	189	友田明美	171
社会中心主義	51	総括的な評価	143		
社会に開かれた教育課程		総合的な学習の時間	181		**な行**
	26, 148	総合的な教育活動		内容	24
就学時健康診断	178-179		104, 109, 112	夏目漱石	51
就学前教育	18	相対的貧困	21	ニア・ミス	195
就学前の子どもに関する教育、		双方向型支援	167-168	日本国憲法	13, 54
保育等の総合的な提供の推		ソーシャル・ペダゴジー型	118	『人間の教育』	49
進に関する法律	54	ソーシャルワーク	161	認知的スキル	19-20
週日案	137, 139	『育ての心』	206	認定（保育必要量の認定）	54, 123
10の姿→幼児期の終わりまでに		素朴生物学	106-107	ねらい	24, 107, 146
育ってほしい姿			**た行**	『のはらうた』	104
主体的・対話的で深い学び				ノンコンタクトタイム	
	27, 149	待機児童問題	22		81, 127-128
小1プロブレム	180	タブラ・ラサ	44		
小学校児童指導要録	133	多文化共生	78		

は行

配置基準　22, 53-54, 80-81
育みたい資質・能力（3つの柱）
　　　　23, 53, 60-61, 78, 131,
　　　　137, 175-176
働き方改革　36
発達　15, 133
パーテン（M. B. Parten）　59
パートナーシップ　162, 198
ピアジェ（J. Piaget）　58, 74
非認知的スキル　19-20, 69
ヒヤリハット　195-196
ビューラー（K. Bühler）　58
評価機関　79
ファミリー・サポート・センター事業→子育て援助活動支援事業
物的環境　87, 92, 100
不適切な養育→マルトリートメント
フランス革命　42, 45
ブルーナー（J. S. Bruner）　74
ブルーム（B. S. Bloom）　142
プレイセンター　77
フレーベル（F. W. A. Fröbel）　48
プロジェクト（プロジェクト活動）
　　　　72, 84, 110
ペスタロッチ（J. H. Pestalozzi）
　　　　47-48
ペダゴジスタ　72
ヘックマン（J. J. Heckman）　18
ペリー就学前プロジェクト
　　　　18-20
保育所　54
保育所児童保育要録　177
保育所保育指針（指針）　23, 34,
　　　　52, 54, 60-62, 101, 139,

151, 161, 176, 178, 206
『保育所保育指針解説』　34, 178
保育問題研究会　51
保育要領　52
ホイジンガ（J. Huizinga）　58
放課後児童クラブ（放課後児童健全育成事業）　123
包括的支援体制　165
方向目標　62, 183
防災　194
訪問型子育て支援　166
『坊っちゃん』　51
ポートフォリオ　128
ホームスタート　166-168, 174

ま行

松野クララ　49
マラグッツィ（L. Malaguzzi）　74
マルトリートメント　170-171
3つの柱→育みたい資質・能力
民主主義　46, 75
民主主義教育　76
模倣学習　119
「森のようちえん」　103
モンテッソーリ（M. Montessori）
　　　　71
モンテッソーリ教育　71
文部科学省　54

や行

幼児期の終わりまでに育ってほしい姿（10の姿）
　　　　24, 61-63, 78, 101,
　　　　132, 158, 177, 182
幼児理解→子ども理解
幼稚園　54
幼稚園教育要領（要領）
　　　　23, 52-54, 57, 60-62, 78,

85, 101, 104, 109, 132,
139, 148, 150, 162, 176,
182, 198, 206
『幼稚園教育要領解説』
　　　　34, 57, 95, 151, 182
『幼稚園真諦』　64, 109
幼稚園幼児指導要録　177
幼保一元化　76-77
幼保無償化（幼児教育・保育の無償化）　22, 77
幼保連携型認定こども園　54
幼保連携型認定こども園園児指導要録　177
幼保連携型認定こども園教育・保育要領
　　　　23, 34, 54, 60, 151
『幼保連携型認定こども園教育・保育要領解説』　34

ら・わ行

ラーニング・ストーリー
　　　　78, 143
領域　24, 52, 61, 177
利用者支援事業　165
『リーンハルトとゲルトルート』
　　　　48
ルソー（J. J. Rousseau）　45
レッジョ・エミリア　71-74
ロック（J. Locke）　44

A-Z

AI（人工知能）　147, 193
ECEC　116
ICT　126, 139, 142, 147
OECD　76, 116
PDCAサイクル　26
PISA　76
SDGs　102

編著者

請川滋大（うけがわ しげひろ）　　［担当章：序章、第3章、第5章、第8章、第9章、第12章、終章］

日本女子大学家政学部児童学科教授。専門は幼児教育学、保育学、臨床発達心理学。主著に『ノンコンタクトタイムの導入に先駆けて』（共編著、ななみ書房、2023）、『子ども理解―個と集団の育ちを支える理論と方法』（萌文書林、2020）、『演習保育内容総論―保育の総合性を読み解く』（分担執筆、萌文書林、2019）、『保育におけるドキュメンテーションの活用』（共編著、ななみ書房、2016）など。

著者
（五十音順）

加藤直子（かとう なおこ）　　［担当章：第4章、第7章、第11章］

立正大学社会福祉学部子ども教育福祉学科特任講師。専門は幼児教育学、保育学、子育て支援。
主著に『実践に活かす子ども家庭福祉』（分担執筆、ミネルヴァ書房、2021）、「「当事者性」を生かした地域子育て支援事業の意義―母親達が支援する側へ移行していくプロセス」（『乳幼児教育学研究』第31号、2022）など。

徳田多佳子（とくた たかこ）　　［担当章：第2章、第10章］

日本女子大学／白百合女子大学非常勤講師。専門は幼児教育学、保育学。
主な論文に「地域の文化や伝統を生かした子どもたちの主体的な遊び―保育者の環境構成に着目して」（共著、『日本女子大学大学院紀要』第29号、2023）、「幼児と高齢者の世代間交流にみる保育者の意識変容」（共著、『日本女子大学大学院紀要』第27号、2021）など。

松原乃理子（まつばら のりこ）　　［担当章：第1章、第6章、第13章］

白梅学園短期大学助教。専門は幼児教育学、保育学。
主な論文に「我が子にHSC傾向を感じる母親の幼稚園就園へ向けた活動プロセス―3年保育就園を断念するまで」（共著、『保育学研究』第60巻第1号、2023）、「「ごっこ遊び」研究の傾向―保育実践を対象とした調査に着目して」（共著、『日本女子大学家政学部紀要』第69号、2022）など。

デザイン・DTP：滝澤ヒロシ（四幻社）

●

本文イラスト：藤原ヒロコ

●

装画：片平菜摘子

幼児教育の原理
——実践の質を知る・考える・高める

2025年4月30日　初版第1刷発行

編著者　　請川滋大
発行者　　服部直人
発行所　　株式会社 萌文書林
　　　　　〒113-0021　東京都文京区本駒込6-15-11
　　　　　TEL 03-3943-0576　　FAX 03-3943-0567
　　　　　https://houbun.com　　info@houbun.com
印刷・製本　　シナノ印刷株式会社
©Shigehiro UKEGAWA 2025
ISBN 978-4-89347-378-3　　Printed in Japan

落丁・乱丁本は送料弊社負担でお取り替えいたします。
本書の内容の一部または全部を無断で複写・複製・転記・転載することは、著作権法
上での例外を除き、著作者および出版社の権利の侵害となります。本書からの複写・
複製・転記・転載をご希望の場合はあらかじめ弊社宛に許諾をお求めください。